Índice.

REGALO PARA LOS LECTORES

Querido lector antes de comenzar
quiero agradecerte la lectura de este
libro regalándote mi Ebook

En la sociedad actual de las prisas y el estrés en la que vivimos, hemos perdido por completo la mágica conexión con la madre naturaleza,
factor muy influyente para conseguir elevar el espíritu hacia pensamientos y reflexiones superiores. En nuestro interior se encuentra

la luz espiritual que en realidad somos.

El verdadero reto es alcanzar el nivel

más elevado de nosotros mismos.

Puedes descargarte este Ebook gratuito haciendo clic en el siguiente enlace o entrando desde tu ordenador a la siguiente dirección:

www.luisgarre.com/regalo

El hombre que soy hoy es el resultado de la fuerza de voluntad que poseo para mantener mi corazón abierto en las condiciones más oscuras...

(tatuado en mi pecho, junto a mi corazón,

años después de superar mis mayores momentos de oscuridad)

INTRODUCCIÓN.

Hola amigo o amiga, si tienes este libro entre tus manos o se encuentra en tu lector favorito de libros electrónicos es porque conoces la ansiedad. He escrito esta guía con el corazón abierto de par en par porque estoy seguro de que quienes han conocido o conocen la ansiedad de primera mano, son los que mejor comprenden, y por lo tanto pueden ayudar, a quienes sufren esta delicada enfermedad mental y que tanto daño está haciendo en la sociedad actual a tantas personas.

Actualmente nos encontramos ante lo que se ha convertido en una verdadera plaga a nivel de salud mental. El estrés diario, las exigencias personales, laborales, sentimentales y de familia auto impuestas o las cuales acabamos aceptando de quienes nos las imponen, merman nuestra serenidad y paz interior consiguiendo que no disfrutemos plenamente de nuestra propia vida.

Nos encontramos en un bucle del cual resulta muy difícil de salir. Demasiadas preocupaciones, responsabilidades y tareas pendientes hacen que nuestra vida pierda calidad. Realmente no estamos preparados para tanto estrés o al menos nuestra mente así lo manifiesta. Hemos llegado al límite y cada día podemos comprobar cómo sube el índice de personas que padecen trastornos de tipo mental y emocional como la ansiedad, depresión y demás enfermedades y fobias relacionadas con este tipo de mal.

Es hora de aflojar, de calmar nuestras ansias de querer ser perfectos e intachables, de querer "abarcar con todo", de creernos invencibles e inmunes al estrés, de mantener a raya nuestras preocupaciones por importantes que nos puedan parecer o que incluso lo sean, porque las consecuencias de este tipo de pensamientos negativos y creencias perjudiciales nos llevarán irremediablemente a dar contra el muro de la ansiedad.

Para hablaros de la ansiedad y de las mejores técnicas, métodos y formas que se conocen para contrarrestarla, tengo que hablaros un poco de mi historia, de mi vida y de mi relación con la ansiedad. Hace unos cuantos años conocí la ansiedad. Siempre me he considerado una persona optimista y predispuesta a mejorar cualquier aspecto de mi vida y de mi persona. Ahora mi edad es de 37 años y si hecho la vista hacia atrás, sólo puedo agradecer y seguir agradeciendo a la vida todo lo que me ha dado. Experiencias, amistades, una gran familia, algunos amores y desamores y quizás, lo más importante y que nunca valoramos lo suficiente, salud para poder disfrutar de todas esas vivencias en su máximo esplendor.

Pero como te decía, en una de esas muchas experiencias de mi vida, se desencadenaron un par de ellas nada positivas o más bien negativas. (Ahora y con el paso del tiempo he entendido que la vida se compone de ese tipo de experiencias también y que ni todo será siempre como deseamos ni por supuesto todo será un "infierno en vida". Ahora ya sé que la vida son intercambios de momentos buenos y algunos menos buenos y que de la forma en que asimilemos interiormente esta realidad, dependerá nuestra propia satisfacción y felicidad), Debido a esas dos malas experiencias, que por otra parte no son nada que no le haya podido ocurrir a cualquiera de vosotros, (un gran contratiempo laboral junto con una relación sentimental tóxica), desembocaron en mi cita y aventura con la "amiga" ansiedad.

He decidido contar mi propia experiencia porque creo que es la mejor ayuda que puedo aportar a quienes sufren este problema tan extendido y común en la actualidad.

Sufrí ansiedad severa durante año y medio o dos años aproximadamente y después continué alternado momentos de mejoría con recaídas y vuelta a empezar en mi afán de superarla. Como siempre hago, y esta vez no iba a ser menos, voy a ser muy sincero contigo porque quiero que esta lectura te aporte y pueda servir para aliviar tu estado actual. Si, has leído bien, digo aliviar porque desde este momento tengo que decirte que una vez que conoces la ansiedad, esta viajará contigo durante tu vida aunque lo haga "sin hacer ruido", el cual es el objetivo que me marco junto a ti y el que yo mismo he conseguido después de realizar el proceso de mi propia curación. Para que me entiendas mejor, es como cuando conoces a alguien por primera vez. Antes de conocerlo no sabías que existía, esa persona no tenía ningún poder para interferir en tus pensamientos, comportamientos ni decisiones, pero una vez que le conociste y a pesar de conseguir alejarte de él o ella y no saber nada más de su vida, siempre quedará un recuerdo, un pensamiento residual, un análisis de lo que te aportó o de lo que aportó a tu vida, ya fuera bueno o malo, ahí queda para siempre ¿verdad?, y eso es algo que ya no lo puedes eliminar de tu "disco duro mental", es parte de tu historia personal. Pues algo parecido pasa con la ansiedad, una vez que la has experimentado y has asimilado que ha estado presente en tu vida, ya no puedes vivir o actuar como si nunca hubieras sabido de ella. Entiendes que eres una persona distinta después de haber conocido la ansiedad, y eso no quiere decir que eso sea negativo sino que has tenido que "lidiar", comprenderla y convivir con ella, y aunque la hayas superado o controlado, tú ya eres otra persona. Una persona mejor porque ha podido controlar un contratiempo complicado de vencer y llevar "a tu propio terreno".

La ansiedad no se esfuma de nuestra vida de un día para otro como si nunca hubiéramos sabido de ella. De alguna manera permanece pero sin duda que lo hará de forma inofensiva y sin mayor fuerza a la hora de tratar de encontrar de nuevo la posibilidad de condicionar nuestra vida o nuestra propia persona.

En mi ímpetu por controlar la ansiedad nunca utilicé medicamentos o pastillas típicas que receta la medicina tradicional, y no por ello considero que fuera la mejor opción porque te aseguro, y estoy convencido de que en algunos momentos llegué a necesitar o incluso me hubiera venido bien algún tipo de pequeña ayuda en forma de pastilla o medicamento para contrarrestar los temidos efectos del estado de ansiedad generalizada pero no lo hice. Simplemente luché contra ella "a pelo", con mis propios auto mecanismos, técnicas e ideas que se me iban ocurriendo o que leía de algún manual o libro especializado.

Lo bueno que tuvo (o al menos para así lo considero yo) la forma de curarme es que todo los métodos que empleé fueron remedios naturales y lo más saludables posibles para el organismo. Alimentación saludable y adecuada, ejercicio físico diario, técnicas de relajación y meditación rutinarias, descanso necesario, comunicación con mis seres queridos y no tratar de esconderme ante el problema sino que lanzarme "al ruedo" sin pensarlo y enfrentarme a él, ya que sabía que de esa manera mi curación llegaría antes. Como ya sabemos, la ansiedad la produce el miedo y el miedo se vence haciéndole frente y no esquivándolo, pues si no nos enfrentamos a él, lo alimentamos y lo hacemos más fuerte. Así de sencillo funciona en nosotros el sentimiento de temor.

En la lucha en la que me vi envuelto (sin quererlo) contra la ansiedad, tampoco visité psicólogos o terapeutas especializados. No por nada, sino por una vez más querer ser yo mismo y mis propios métodos quienes vencieran esa situación, reconozco que soy muy cabezota y si es lo que estás pensando, pues tienes razón, lo soy. Y este carácter a veces juega a mi favor y otras no tanto, pero sea por lo que sea, intuía que los psicólogos no me podrían ayudar más que la ayuda que yo mismo pudiera auto administrarme tratando de conocerme mejor y entender el porqué de ese contratiempo aparecido en mi vida. Pienso sinceramente que cuando se trata de un problema de este tipo, la mejor ayuda es el auto conocimiento de uno mismo, quizás profundizando más en nuestro propio ser interior se encuentra la verdadera curación emocional ¿y quién mejor que nosotros mismos antes que nadie externo a nosotros para tratar de conocernos mejor y por lo tanto de curarnos de una forma más rápida y eficaz?

Antes de seguir quiero aclarar que no estoy en contra de una terapia con psicólogos, e incluso estoy convencido de que hay grandes profesionales que pueden servir de ayuda y ayudarte para acortar los tiempos y poder llegar a sentirte curado, pero también he visto a través de amigos o conocidos que han pasado por momentos de crisis emocionales (ansiedad, depresión, etc...) que existen muchos "especialistas" en trastornos de este tipo, que lo único que pretenden es sacar todo el dinero que puedan de tu bolsillo y que lo único que les interesa es alargar en el tiempo las visitas a su consulta hasta en años, incluso a veces diciendo al paciente que ha recaído o que tiene que volver atrás en las terapias o los métodos que él mismo le indicó en el pasado. Me da cierta rabia e impotencia ver como muchos mal llamados profesionales, lo único en lo que piensan es en su propio negocio y en cómo seguir recaudando a costa de pacientes que por desconocimiento, miedo, inseguridad o desconfianza, siguen acudiendo a su consulta y pagando grandes cantidades de dinero por una hora de terapia que lo único que hace es mantenerle en el mismo estado de malestar sin poder avanzar ni sentir una mejoría consistente y definitiva.

La ansiedad se supera. Te lo aseguro. Yo he pasado por todas las fases, desde el inicio del proceso hasta los momentos de mayor inseguridad, miedo e incertidumbre muy cercanos a la depresión. Una vez que conoces la ansiedad, ya no se olvida pero si se controla. Lo realmente importante para una persona que sufre o ha sufrido ansiedad es sentir que tiene el control de su vida y que la ansiedad no la condiciona de ninguna manera. Las personas que tienen o han tenido ansiedad, lo que desean es sentir que tiene el control de sus emociones y que son capaces de disfrutar el día a día sintiendo momentos de auténtica tranquilidad y calma.

Más adelante te explicaré detalladamente como es mi día a día en la actualidad y una vez superados los años más complicados de mi ansiedad, pero te adelanto que sigo conviviendo con ella, que a veces aparece en situaciones donde me encuentro nervioso por algo puntual que esté ocurriendo en mi vida o en mi rutina diaria, pero que ya no es ella la que me controla a mí y que he conseguido bajar el nivel de ansiedad hasta hacerla prácticamente desaparecer de mi vida. Te tengo que reconocer que tengo días donde me encuentro más ansioso que otros pero ahora también te digo que conozco perfectamente los motivos de ese estado puntual, lo comprendo, los acepto y no me hacen daño ya que puedo controlarlos y conseguir que desaparezcan en breve espacio de tiempo. No me condicionan para nada y convivo con la ansiedad como si fuera una parte más de las dificultades y retos diarios que todos tenemos.

Estoy aquí para decirte que recuperar el control emocional y de tu vida después de haber conocido la ansiedad no sólo es posible sino que es un hecho, y que al igual que muchísimas personas lo han conseguido, incluido yo mismo, ¡tú también lo vas a lograr!. Ahora voy a ayudarte. Voy a darte mis mejores consejos para que no caigas en la dependencia de los medicamentos ni en las estafas que muchos psicólogos pretenden contigo. Voy a hablarte de los métodos más efectivos que existen, los naturales y más sanos. Los mejores hábitos de vida junto con las técnicas que funcionan de relajación y vuelta a la tranquilidad y con la nueva forma de pensar que a partir de ahora vas a adquirir leyendo este libro, ¡vamos a vencer la ansiedad!.

La ansiedad aparece por algo, por uno o varios motivos, pero no despierta de la noche a la mañana sin más, todo sucede por algo y esto también. Conocer la fuente de nuestra ansiedad es el primer paso para vencerla. Te hablaré de cuáles fueron las mías para que puedas identificar mejor las tuyas y así comenzar a comprender porque tienes ansiedad. Este será sin duda el primer paso para su derrota

Gracias a lo que te voy a explicar, la ansiedad dejará de ser nuestra enemiga para convertirse en una amiga inofensiva, que a pesar de estar ahí, ya no nos podrá hacer ningún daño ni condicionar en ningún aspecto de nuestra vida. Aprenderás a convivir con ella.

También vas a conocer las mejores y más eficaces técnicas que existen en la actualidad contra la ansiedad, porque "cada persona es un mundo" y cualquier método puntual que te pueda explicar y que a mí me pudo ir bien, puede que para ti no sea tan efectivo por tu forma de ser, rasgos emocionales internos o por tu propia personalidad y creencias. Por eso también he incluido en el libro todos y cada uno de los mejores métodos que existen y que se ha demostrado que funcionan contra la ansiedad, para que encuentres el tuyo, el que resulte más eficaz y beneficioso para ti, porque para vencer la ansiedad no tenemos un solo camino, se puede llegar de varias formas o maneras y estoy seguro que dentro de esta guía se encuentra la tuya.

Así que empecemos de una vez. Sé perfectamente de lo que hablo, también sé que te puedo servir de ayuda y que mi historia y la forma de afrontarla pueden aportar grandes beneficios a tu curación y mejoría.

Ansiedad…¡Vamos a por ti!

ANTES DE CONOCER LA PALABRA ANSIEDAD.

Siempre me he considerado a mi mismo una persona normal, con aficiones e intereses típicos de cualquier joven, de aspecto saludable y vida igual.

La gente que me conoce saben que soy de carácter introvertido y tímido a la hora de relacionarme socialmente pero fiel, sincero y auténtico ante las personas que se cruzan por mi vida (familia, amigos, compañeros de trabajo, pareja sentimental, etc...). No soy de muchos amigos pero como yo digo, lo que tengo valen por todos.

Hasta el día de hoy mi vida ha trascurrido de una forma también muy normal, por suerte he disfrutado al máximo cada etapa de mi existencia física. Desde pequeño me ha encantado el deporte, la vida sana, (no he fumado nunca y tampoco he sido consumidor de ningún tipo de droga durante mi adolescencia ni en ningún otro momento de mi vida), he tomado alcohol cuando salía y era la típica época de salir con los amigos de fiesta y disfrutar de esa edad por la que todos hemos pasado, pero nunca he sido de los que bebían cada vez que salían o de los que tenían que acabar borrachos todos los fines de semana. Nunca le ha sentado a mi cuerpo bien el alcohol y de hecho actualmente, fuera de una copa de vino tinto de vez en cuando o de alguna que otra cerveza esporádica, no soy bebedor de alcohol de forma habitual.

Si tuviera que valorar la vida que he llevado hasta hoy, diría que ha sido muy buena en todas y cada una de las etapas que me han tocado vivir y siempre dependiendo de la edad y sus circunstancias.

Por suerte, no he sufrido ningún trauma importante o contratiempo de esos que dejan marcados para siempre a las personas que los viven. He disfrutado y disfruto de una buena salud física, y tanto mis familiares, amigos como conocidos, mantienen un buen estado de salud en general y me siento muy agradecido por ello.

Si alguien externo a mí tuviera que definir mi carácter dominante supongo que hablaría de una persona que transmite tranquilidad y transparencia a la hora de conocerla, digamos que exteriorizo demasiado y se me nota mucho cuando me encuentro feliz y calmado o cuando tengo alguna preocupación en la cabeza. Pero existen personas que quizás de cara al exterior dan una impresión de ser tranquilos pero que a nivel interno y profundo pueden llegar a ser de carácter nervioso. Y eso mismo creo que es lo que me ocurre a mí. Cuando por alguna situación o circunstancia me he sentido nervioso en mi infancia, adolescencia o ahora en la etapa de los treinta y largos, siempre he tenido un punto débil a nivel físico y ese ha sido mi estómago. Ahí van a parar todos mis nervios e inquietudes cuando algo me preocupaba o altera mi calma. Los dichosos nervios en el estómago los he sentido desde pequeño y siempre han sido un síntoma común en mis momentos de inquietud y malestar.

Como te cuento, todas las etapas de mi vida hasta ahora las he disfrutado de una forma intensa y llena de energía, o al menos eso he intentado. Desde la época en el colegio con los primeros amores de niños, los partidos de fútbol (el deporte de mi vida), las primeras salidas con los amigos, luego el instituto y las risas eternas en el patio, el interés por la música que acabó desembocando en el despertar del gusanillo musical y que hizo que junto con varios de los amigos de toda la vida formáramos nuestro primer grupo de rock. Aún no habíamos alcanzado la veintena y seguíamos siendo ingenuos e inmaduros pero comenzaba nuestra etapa en la música con nuestro primer grupo llamado "Dekadencia". Comenzábamos a tocar por todos los sitios donde nos dejaban y así pasó una década entera en escenarios, locales de ensayo y garitos varios hasta que la inevitable etapa del cambio, las novias y el "empezar a pensar en otras cosas" hizo que se acabara esa intensa etapa igual que empezó, pero que siempre dejará en mi un recuerdo imborrable de amistad, horas de ensayo, risas, música, ilusiones y alguna que otra decepción.

A los veinte años llegó el momento de salir a estudiar fuera y dejar el pueblo por primera vez. Era momento para nuevas amistades, compañeros de piso y el inicio de otra etapa más madura y quizás menos feliz que las anteriores pues comenzaban las responsabilidades a volverse más serias y con ellas el inevitable cambio hacia la "vida de adulto" menos divertida. Aún así, seguí disfrutando de todo lo que me ocurría, mis entradas y salidas con amigos, citas con alguna que otra chica, fiestas, deporte y lo que la vida me deparara.

Años más tarde comencé la vida laboral ejerciendo como cámara de televisión, ya que había estudiado imagen y sonido. El paso por los distintos canales de televisiones locales de mi provincia, me hizo ver la realidad del mundo laboral y sus injusticias (interminables horarios, poco dinero, explotación laboral, buenos y malos compañeros de trabajo, personas interesadas y pelotas de jefe y en fin... lo típico del mundo laboral. Pronto opté por cambiar de profesión a pesar de que me gustaba muchísimo pero no veía un futuro muy halagüeño como técnico de imagen, cosa que años más tarde me confirmó la vida al ver a muchos de mis antiguos compañeros de profesión como habían tenido que salir nuevamente a "buscarse la vida" debido a la inestabilidad de aquella profesión.

Arriesgué y abandoné la profesión por la que me había formado en mis años en la ciudad y por la que había apostado desde el principio. Tomé una decisión difícil de entender para mis padres e incluso para mí mismo y volví al pueblo huyendo de la vida en la ciudad. Siempre he preferido la tranquilidad de vivir en un lugar pequeño y con buena calidad de vida al hacerlo en la ciudad con su estrés diario, semáforos y vida ajetreada. A pesar de esas preferencias que te cuento, he de reconocer igualmente que me apasiona viajar, andar por ciudades y "ver mundo", pero como siempre digo, volviendo siempre al lugar donde me gusta vivir el día a día. Aprecio muchísimo la tranquilidad y la vida en los pueblos, creo que va dentro de mi carácter y personalidad.

Una vez instalado de nuevo en el pueblo, opté por preparar las oposiciones a la policía local. Vi en esa profesión una gran posibilidad para poder alcanzar la estabilidad laboral y económica que siempre quise. No sin poco esfuerzo (unos dos años encerrado en casa de mis padres estudiando ocho horas diarias) lo conseguí y comencé mi carrera profesional como policía local donde siempre había querido hacerlo, en mi propio pueblo

Todo encajaba nuevamente como yo deseaba. Tenía mi propia vivienda (era lo que siempre había soñado), disfrutaba de independencia económica y mi vida seguía siendo alegre y divertida. Viajaba por el mundo con amigos cuando podíamos y pasábamos por todos los lugares y países que nuestra economía nos permitía.

Pero llegó la hora de ir a Sevilla para preparar la etapa de formación práctica en la Academia de Policías Locales de Andalucía. Allí estuve seis meses donde, a pesar de encontrarnos encerrados al "estilo militar" y ya con una edad considerable para todos esos inconvenientes, tendría unos veinte siente años, fue una experiencia diferente, con momentos de diversión y otros de responsabilidad en las aulas y clases prácticas que tuve que afrontar con predisposición y mucha concentración para aprender de la mejor forma posible mi futura profesión.

Cuando acabó la etapa en la academia me tocó volver al pueblo para, ya si, por fin ejercer de policía siendo ya funcionario de las Fuerzas y Cuerpos de Seguridad del Estado.

Allí comencé una nueva relación sentimental y mi vida seguía transcurriendo de forma amena y divertida. Pero pronto sucedieron varios contratiempos seguidos que hicieron que me golpeara de lleno con el muro de otra de mis nuevas amistades, pero esta vez ella era algo más tóxica y perjudicial que las que había tenido hasta ahora. Era el momento de conocer a "Ansi", ansiedad para los amigos.

CÓMO Y PORQUÉ COMENZÓ MI PROBLEMA DE ANSIEDAD.

Dicen los "especialistas" en la ansiedad que para vencerla, una de las cosas más importantes es conocer la fuente o el origen de tu propia ansiedad. Lo cierto es que si hay alguien capacitado para conocer esa fuente y los motivos por los cuales ha surgido, ese eres tú mismo.

Como te he contado y has podido leer, mi vida no iba precisamente encaminada hacia el descubrimiento de la ansiedad. Pero la vida es imprevisible, nunca sabemos lo siguiente que va ocurrir y eso es algo maravilloso pero a la vez lleno de una permanente incertidumbre.

Tenía unos treinta años y estaba recién empezada mi carrera como policía cuando comenzaron a suceder unos contratiempos laborales a nivel interno entre todos los componentes de la plantilla y los superiores jerárquicos. Estos inconvenientes al principio acabaron finalmente desembocando en las bajas psicológicas de los policías locales. Incluida la mía propia.

Duró más de un año toda esa pesadilla que nos tocó vivir y donde nos vimos obligados a denunciar ante la justicia y por la vía penal a la jefa de la policía local por acoso laboral. (A día de hoy y pasados muchos años seguimos esperando que la justicia se pronuncie. Es triste ver cómo funciona en este país un pilar tan importante y necesario para la estabilidad de toda la sociedad en general).

Muchos de mis compañeros lo pasaron realmente mal, llegando a perder muchísimo peso y quedando marcado en sus rostros el momento tan tremendo e injusto que estábamos viviendo.

En mi caso y como siempre me ha ocurrido, "lo llevaba por dentro" y eso estaba minando mi salud sin yo saberlo.

Junto a esta pesadilla de más de un año de duración donde no podía trabajar y a la vez teníamos que aguantar comentarios inapropiados de personas ajenas a la verdadera realidad de los hechos, a nivel personal estaba viviendo la peor relación sentimental que he tenido nunca. Fue año y medio de discusiones, altibajos emocionales, de romper con ella mil veces y volver a intentarlo, de no darme cuenta de que esa persona no era la adecuada para mí y de presenciar el peor fallo y la mayor lección que aprendí respecto de esa experiencia personal: No se puede ni se debe tratar de cambiar a nadie, cada uno es como es y hay que saber comprender cuando alguien no es compatible con uno mismo y por lo tanto, resulte imposible entenderse. De esa experiencia he aprendido a parar a tiempo una relación cuando esta no transcurre como debería y a no alargar nada innecesariamente.

Dentro de mi ingenuidad y porque no decirlo, prepotencia, pensaba que era invencible, que yo podía con todo lo que me sucediera y que a pesar de los contratiempos emocionales que todas esas situaciones estaban causando en mi interior, creía que lo podría superar sin problemas y continuar con mi "lucha contra todo". Que equivocado estaba.

La ansiedad se cocía a fuego lento en mi interior. Fue aproximadamente año y medio de preocupaciones, alteraciones psíquicas, altibajos emocionales, cambios de humor, disputas, etc... las cuales hicieron que, aparentemente y de repente, (en realidad no era así) de un día para otro, (según mi errónea apreciación) llamó a mi puerta la ansiedad.

MI VIDA DESPUÉS DE LA ANSIEDAD.

Cuando la ansiedad decidió salir y visitarme, ya llevaba tiempo fabricándose en mi interior. En esos primeros días comenzaba a sentirme como si tuviera un nudo en el estómago, un gran nudo. Mi carácter era irascible con el mundo exterior. Estaba de vacaciones, recuerdo que era pleno verano cuando en medio de una nueva discusión sentimental y en una ciudad lejana, sentí una desagradable sensación interior. Fue una especie de pinchazo en la boca del estómago, como si una herida interior que llevaba tiempo ahí presente acabara de abrirse. Rápidamente pensé que podía deberse a una pequeña úlcera de estómago, pero yo nunca había tenido malos hábitos alimenticios ni de salud como para que fuera ese el diagnóstico.

Pasaron los días y no le quise dar más importancia a lo ocurrido, pero sentía que algo dentro de mí había decidido hacer su aparición. Tenía una sensación general parecida a la falta de oxígeno al respirar, y en cierto modo estoy seguro que podía ser cierta porque el nudo en mi estómago era bestial.

Hasta tal punto empezó a afectarme esa rigidez estomacal que recuerdo perfectamente el día que me puse las zapatillas de deporte para salir a la calle a correr como siempre he hecho, y por primera vez en mi vida, no pude andar más de cien metros, no tenía suficiente aire para hacerlo. Realmente y en ese momento fue cuando mi preocupación aumentó considerablemente.

Pasaban los días y las semanas y seguía igual. No recuerdo nunca haber estado más de dos o tres semanas sin hacer deporte y no encontrarme lesionado. En ese momento tuve que parar cualquier actividad física. Incluso salir a andar me costaba un mundo. Mi interior estaba bloqueado por la ansiedad pero yo aún no lo sabía.

Esperé unas cuantas semanas más hasta que entendí que algo me ocurría. Pensé miles de cosas; la posible úlcera, un mal estomacal, algo en el aparato digestivo, etc... todo lo relacionaba con mi estómago y en cierto modo ahí residía el problema, pero ese problema había sido generado por un continuo estado de estrés y preocupación mental.

Opté por tomar remedios naturales enfocados en el aparato digestivo, probé de todo pero seguía igual. Mi preocupación iba en aumento, cosa que solo beneficiaba a mi amiga ansiedad.

Decidir dar un paso más y solicité cita con un médico para hacerme todo tipo de pruebas. Analíticas de sangre, orina, etc...

Los resultados salieron todos bajo los parámetros normales de una persona de mi edad y hábitos saludables. No entendía nada. ¿Qué podía ser lo que me estaba causando aquel mal si físicamente estaba todo bien?

El día que me llamó el médico para hablarme de los resultados de las analíticas, este fue muy sincero y directo conmigo. Recuerdo que mi madre me acompañaba a la consulta y en un momento determinado el médico le pidió a ella si podía salir un momento fuera para hablar conmigo a solas "cosas de hombres". Esa fue la expresión que utilizó para conseguir un momento de intimidad conmigo. Mi madre, que siempre ha sido una persona empática, comprensiva y de mentalidad abierta, no lo dudó ni un momento y asintió cerrando la puerta de la consulta. A solas con el médico, me preguntó si tenía algún problema en mi vida de carácter emocional. Yo al principio no sabía que decirle, pero enseguida entendí donde quería llegar. Me abrí a él y me sinceré. Le conté que llevaba mucho tiempo intentando hacer funcionar una relación sentimental, la cual sabía perfectamente que no era buena para mí. Y que esa situación se me había juntado con los problemas en mi trabajo.

El doctor me aconsejó rápidamente diciéndome que si sabía que esa relación no me hacía bien, a que estaba esperando para ponerle fin. Y terminó argumentando que mi problema era de tipo emocional y que si no cambiaba ciertas piezas en mi vida para volver a ser feliz, seguiría ahí más tiempo. Así que todo dependía de tomar decisiones y de volver a quererme como siempre lo había hecho antes.

Sabía que el médico había dado en el clavo sin conocerme de nada. Los años de experiencia y conocimiento dan sabiduría, y una vez más quedaba demostrado. Tomé la decisión y rompí con mi pareja después de año y medio de intentos absurdos por querer mantener algo perjudicial y tóxico para los dos.

Llegó la soledad. Comenzó el típico periodo de duelo por la ruptura y los meses continuaron siendo complicados, me había quedado solo aun habiendo sentimientos de por medio y tenía que ser fuerte en un momento de absoluta debilidad mental. En mi interior sabía perfectamente que era la mejor decisión que podía tomar. Era momento de volver a cuidarme y de volver a conectar conmigo mismo, pues esa conexión llevaba tiempo fallando absorto en mi cruda realidad exterior.

Los días pasaban y la ansiedad crecía. Una vez que mi cuerpo comenzó a relajarse, brotó de mi interior todo lo que había estado generando en ese año y medio de problemas y situaciones negativas.

Ya era consciente de lo que me ocurría y empecé a leer sobre la ansiedad, sus síntomas y remedios. Ahora y pasados los años, pienso que fue un error interesarme tanto por la ansiedad a nivel de conocimientos e investigación, ya que cuando te encuentras en ese estado, no eres consciente de ello pero tu mente está literalmente enferma. El gran problema de la ansiedad una vez que se encuentra instalada en tu cuerpo y no piensa marcharse en breve, es que todo lo que lees, aprender y estudias sobre los síntomas que produce la ansiedad, piensas que te van a pasar a ti. Taquicardias, temblores, pesadillas, sudoración, respiraciones alteradas, mareos, etc…

Te vuelves una persona hipocondríaca y susceptible a todos los males que puedan ocurrir en el mundo. Piensas de todo, desde que vas a sufrir un infarto (cosa que como sabes nadie puede saber hasta que le está ocurriendo), que te vas a marear en mitad de la multitud, que tu corazón se va a acelerar hasta explotar, crees que no vas a poder volver a salir con los amigos, que tu vida va a ser para siempre una pesadilla, y así podría estar hablándote todo el libro de miles y miles de pensamientos absurdos, sin sentido y totalmente inexistentes, pero que en esos momentos de debilidad mental, crees que todos van a ocurrirte a ti.

Aún no había hablado de mi problema con nadie (error) y seguía "comiéndome" yo solito todo el devenir de ese malestar.

Es increíble el poder de la mente. La ansiedad me sirvió también para darme cuenta de la fuerza que tiene nuestra mente y nuestros pensamientos. En una de mis muchas obsesiones negativas,(fueron varias y pasé por ellas durante un largo tiempo) pensaba que aquel estado alterado de nerviosismo e inquietud acabaría desembocando en un infarto tarde o temprano. Tal era mi temor que mi brazo izquierdo terminaba cada día súper tensionado, pues siempre había escuchado que un infarto suele tener como primer síntoma un dolor en el brazo izquierdo. Debido al estar pendiente mentalmente durante todo el día a mi brazo izquierdo y de si comenzaba o no ese dolor agudo, me estaba auto provocando (simplemente con la mente) una rigidez física en el brazo izquierdo que desembocada cada día en un dolor muscular intenso, efecto de la propia sugestión mental que me provocaba.

El poder de la mente es increíble y lo cierto es que aún no sabemos ni una cuarta parte de lo que podemos llegar a hacer con ella. La mente puede ser también muy peligrosa si juega en nuestra contra, por eso siempre recomiendo ejercicios de meditación y relajación mental en busca de la calma y el autodominio de nuestros propios pensamientos. Una vida tranquila, alegre y saludable es fundamental para conseguirlo.

Mi vida transcurría. El problema laboral y sentimental se había esfumado, pero había dejado grandes secuelas emocionales en mi interior.

La ansiedad permanecía conmigo a mi lado y yo la alimentaba de vez en cuando con nuevas investigaciones en libros sobre la ella.

He de decir que por suerte, nunca llegué a experimentar un ataque serio de ansiedad o pánico, pero sí que la sentía de forma generalizada en mi vida. Y de hecho, en cierto modo la estaba condicionando. No quería salir con gente, no me sentía bien con otras personas a mi lado, estaba siempre solo en casa y tampoco me apetecía ver a nadie. Mi nivel de felicidad había descendido de una forma brusca, incluso rozando la depresión. Aún seguía sin saber cómo enfrentarme a ella, no conocía las herramientas oportunas y deambulaba a la deriva sin freno. La calidad de mi vida se había visto mermada considerablemente y todo debido a la ansiedad. Lo peligroso de sufrir de ansiedad es que generas gran cantidad de pensamientos catastrofistas y negativos. Ahora y "a toro pasado", me doy cuenta perfectamente de aquello, pero en su momento fue increíble la cantidad de tonterías que pasaban por una mente enferma y ansiosa.

Una noche, poco antes de finalizar mi servicio diario como policía y frente al ordenador de la jefatura, de repente sentí un leve mareo. Ese mareo aceleró mi corazón de inmediato, pues me sentía flojo pero a la vez sabía que se debía a la ansiedad que estaba soportando cada jornada. Quedaban diez minutos para terminar mi trabajo y me fui a casa atemorizado por lo que me acababa de ocurrir. En mi etapa con la ansiedad, no había llegado a experimentar la sensación de debilidad física que aparece cuando te encuentras mareado. A esas alturas era consciente que no me sucedía nada a nivel físico y que todo lo estaba provocando mi mente enferma, pero aún así no podía dejar de estar preocupado. Llegué a casa con mucho miedo y rápidamente me senté en el sofá sin ni siquiera enchufar la televisión.

Seguidamente volví a sentir como mi corazón se estaba acelerando y esa sensación me causó un gran miedo. Pensé que podía llegar a sufrir una taquicardia y en ese momento no sabía qué hacer para pararla. Mi instinto me dijo que me tumbara y así quizás el corazón no siguiera acelerándose, eso mismo hice y por suerte, me dio resultado. En cuanto realizas algún acto físico que está unido a una sintomatología, como por ejemplo tumbarte, eso provoca en nuestra mente un efecto relacionado con la acción de estar tumbado y a su vez la mente reacciona relajándose. Supongo que será por un motivo asociativo cuerpo y mente. Fue algo que hice sin pensarlo pero resultó eficaz, ya que hizo que mi corazón se calmó. Seguramente si hubiera empezado a dar vueltas sin parar y a realizar movimientos físicos rápidos y alterados, hubiera seguido alimentando esa sugestión mental, y quizás eso hubiera desembocado en un mareo o unos momentos más intensos de palpitaciones y nervios.

Después de todo lo ocurrido, solo quería dormir y eso fue lo que hice. Me fui directo a la cama. Pero sentía un miedo atroz. Mi cabeza de nuevo empezó a dar vueltas pensado: "y si me vuelve a ocurrir ¿qué haré?, ¿cómo lo solventaré?", "y si la ansiedad va a más y ya no la puedo controlar", "y si caigo en una depresión profunda de la que nunca pueda salir", y si… y si… y si…

Al día siguiente seguía atemorizado por lo que me había sucedido la noche anterior. No sabía qué hacer, como reaccionar, a quién pedir ayuda. Estaba perdido y lo único que se me ocurrió fue salir a andar y tomar el aire.

Los pensamientos de temor recorrían mi cuerpo. Incluso me costaba tragar saliva, mi paladar era diferente, sabía diferente (yo creo que es la sensación que produce el miedo intenso) y a pesar del gran día que hacía fuera, no era capaz de apreciarlo. Tenía una visión de la realidad totalmente distorsionada, y todo debido a mi propia auto sugestión mental, la cual estaba provocando en mi interior un miedo profundo a la vida.

De forma nuevamente improvisada y casi sin pensarla, decidí escribir un mensaje de texto a mi madre a través del móvil: "me gustaría quedar contigo y con el papa esta tarde para hablar..." decía ese mensaje.

Llegó la hora prevista y quedé con ellos para dar un paseo y charlar. Les conté todo lo que me estaba ocurriendo. Les dije que necesitaba contarlo a alguien y quien mejor que a ellos. También lo hablé con mi mejor amigo. No necesitaba más. Ya lo había sacado al exterior, a la gente que quiero y que en realidad sé que les importo y me quieren. Con mi amigo fue algo muy fluido y natural, tengo la suerte de que nos entendemos con una simple mirada y me resultó sencillo abrirme a él. Con mis padre también fue sencillo, pero con ellos brotaron en mi las lágrimas y la impotencia de aquella situación. Lloramos juntos aquel día pero eso supuso un buen desahogo y una liberación interior para seguir afrontando el problema de la ansiedad de una mejor forma y con más seguridad.

Si tienes ansiedad, no lo ocultes. Confía en quien te quiere y suelta todo lo que te pasa, es de los antídotos más terapéuticos que puedes probar. No pienses que no te van a comprender o que eres el único que le ocurre eso. Este problema lo tienen muchísimas personas y a muchos les dura toda su vida. Debemos reconocer que sufrimos ansiedad. Como veremos más adelante, es uno de los pasos más importantes para contrarrestarla.

Ese fue sin planificarlo, mi primer método contra la ansiedad. Después vinieron más junto con recaídas, frenazos y mejorías, pero sin duda aquel fue un paso hacia delante en mi curación.

LOS PRIMEROS RECURSOS CONTRA MI AMIGA/ENEMIGA ANSIEDAD.

Lo había aceptado, tenía ansiedad. Mis seres queridos más cercanos ya lo sabían y eso había supuesto un gran desahogo para mí, pero ahora comenzaba la verdadera batalla contra la incómoda ansiedad y sus síntomas.

Intuía que iba a ser dura y que al igual que llegó a mi vida de una forma progresiva y en el intervalo de año y medio aproximadamente, esta no se iba a marchar de mi lado de un día para otro.

No sabía nada sobre la ansiedad. Necesitaba comprenderla para poder derrotarla. Comprendí que bebía tratar de tranquilizar la mente y comenzar a simplificar mi vida para volver a encontrar el equilibrio perdido.

Era consciente que si esquivaba y evitaba las situaciones donde me podía sentir más inquieto, el miedo me "comería" terreno progresivamente e iría en aumento. Aún así evitaba hacer vida social a menudo durante mis peores momentos con la ansiedad. En los instantes más complicados de la ansiedad, considero prioritario la necesaria la conexión con uno mismo para después y poco a poco, ir volviendo a la normalidad de tu vida. Cuando te encuentras en la treintena como era mi caso, te apetece salir de fiesta, entablar nuevas relaciones, reír y divertirte. A pesar de aquellos difíciles momentos para mí, me auto obligaba a salir de vez en cuando aún sabiendo que haría su aparición la temida ansiedad. Tomé la decisión de no probar absolutamente nada de alcohol cuando salía, pues el efecto del alcohol en mi debilitado estómago, producía una sensación de hinchazón y rigidez muy molesta en mi interior.

Una de las cosas que más cuesta cuando tienes ansiedad es intentar no pensar en ella para no aumentar sus poderes. En tu cabeza se instala el pensamiento continuo de la ansiedad y cuanto más trates de no pensar en ella, más lo haces. Aunque desconectara por momentos o mientras me encontraba con amigos, siempre acababa volviendo a mis pensamientos, y lo hacía valorando continuamente como me encontraba, pensando en mi estómago y los síntomas físicos que se derivaban cuando los nervios se alojaban en él.

Por esa época, salía a andar a diario sobre una hora aproximadamente y siempre por zonas poco transitadas de personas, tratando de encontrar momentos de tranquilidad y calma. Aún no hacía deporte pero al menos ya podía darme alguna que otra caminata. Eso aliviaba bastante mi ansiedad.

Cuando sufres ansiedad severa, cualquier cosa que ocurra en tu vida te provoca el doble o el triple de inquietud, preocupación y nerviosismo. Esto se debe a nuestro bajo estado de ánimo y a nuestra alteración del sistema nervioso y del estrés. Son momentos donde lo ideal es hacer una vida lo más tranquila posible, pero sin tratar de cambiar en exceso tu propia rutina ni hábitos de vida.

Había dicho no a cualquier clase de medicación pero sí que abrí la puerta a los remedios naturales que puedes encontrar en herbolarios y tiendas de medicina natural. Mi objetivo era encontrar estados más prolongados de relajación física y mental, las infusiones se habían vuelto imprescindibles para mí, siempre me han gustado (el te, roibos, manznilla, menta, etc…), pero ahora buscaba la tila, melisa y las que ayudan a conciliar el sueño por las noches. En una de mis obsesiones, miedos o inseguridades, comencé a preocuparme por si se veía afectada la calidad del sueño y el descanso en mis noches, y efectivamente eso mismo fue lo que ocurrió. Comencé a dormir menos horas y de forma discontinua, había vuelto a crear un nuevo síntoma a través de la propia sugestión mental afectada por la ansiedad. Cuando tienes ansiedad, es así de fácil crear un nuevo problema derivado de ella en tu vida. El mecanismo es sencillo, aparecen pensamientos de temor a que te ocurra algo determinado, les das importancia, te los acabas creyendo y bualá, se materializan en tu realidad sin dudarlo. Cuando has vendido y dominas la ansiedad, ves todo eso de otra manera y piensas en la absurdez que supone auto crearnos miedos inexistentes a través de nuestra propia mente, pero en esos momentos te encuentras totalmente ciego y no contemplas la idea de lo ridículo que llega a ser el sistema que utiliza nuestra mente asociada al miedo para tratar de inmovilizarnos y mantenernos bajo su control.

Al perder la calidad del sueño, alternaba días de estar súper cansado con otros donde caía completamente rendido a la cama y en los cuales dormía profundamente debido a la falta de sueño que arrastraba de la noche anterior. Todo este perjuicio hace que tu cuerpo de descontrole y que pierdas mucha energía vital y autoestima.

Una cosa que me gustaría dejar muy clara a todas aquellas personas que estéis pasando por momentos de ansiedad es lo siguiente: ten cuidado con lo que lees sobre la ansiedad en momentos de debilidad mental, pues la mente se encuentra desprotegida y cualquier mal, síntoma o inconveniente que puedas escuchar o leer, rápidamente hará que tu cerebro lo haga suyo y puede que acabes adquiriendo para ti un nuevo miedo. Con lo peligroso que puede llegar a ser cuando ese miedo aparece mientras te encuentras ansioso.

Mi recomendación es buscar distracciones agradables, hacer cosas que te gusten mucho, ver películas de humor, reír, buscar el lado positivo de lo que te está ocurriendo, y si encuentras un libro o un consejo el cual te ayude a mejorar tu estado de ánimo, pues mucho mejor.

Otra de mi obsesión fue el cuidar y estar pendiente en exceso de mi estomago (mi punto débil). Los nervios se alojaban en él a menudo y sentía una gran debilidad por ello. Me interesé mucho en los alimentos más adecuados para el aparato digestivo y comía demasiado concienciado en ese tipo de alimentación.

Debemos tratar de evitar obsesionarnos o pensar en exceso en aquello que más nos preocupa. Suena contradictorio, pero precisamente eso es lo que quiere que hagamos nuestra mente enferma. Recuerda que en esos momentos de ansiedad intensa, nuestra lucha principalmente es contra nuestra errónea forma de pensar, contra el miedo y la ansiedad que producen en los pensamientos una alteración importante de la realidad y de los propios pensamientos. Debemos ser conscientes de ello y quitarles fuerza e importancia.

En aquellos momentos mi ansiedad era diaria. No había ningún día en el que no me acordara de ella. Tenía momentos de menor intensidad con otros de mayor. Seguía con mis largas caminatas e intentaba llevar una vida normal. Ir a trabajar me producía ansiedad... ¿por qué?, pues porque había pensado previamente y le había dado fuerza al pensamiento de temor que brotaría en mi si llegaba a sufrir ansiedad por ir a trabajar. Algo que es obligatorio hacer cada día, podía desembocar en un gran problema para mi vida y que mejor argumento para mi mente temerosa que ese. Y así fue. Estuve un tiempo en el que cada vez que me encontraba en el trabajo, aumentaba la intensidad de mi ansiedad. Luego, y una vez fuera de él, bajaba.

Digamos que la ansiedad vive de contrastes. Así es como ella se hace poderosa y nosotros sabemos de su presencia. Es el método que utiliza para que podamos identificarla perfectamente. En los momentos que más temía que apareciera, esta aparecía. Y esos instantes de mayor intensidad, los alternaba con otros donde mi miedo a que apareciera era menor.

Una cosa muy importante que he aprendido para lograr romper el bucle de la ansiedad cuando la estás sufriendo en alta intensidad es hacer otra cosa totalmente diferente a lo que te encuentras haciendo. Por ejemplo, si estaba metido en casa viendo una película y de repente comenzaba a auto generarme ansiedad a través de mis propios pensamientos y esta se hacía fuerte, comenzando a ser incómoda, apagaba la tele, salía a la calle y me iba a tomar el aire. Este método era eficaz para mi, ya que a los pocos minutos de haber cambiado de actividad, mi mente dejaba de generar aquellos pensamientos perjudiciales para centrarse en otra cosa. Realizar una acción totalmente opuesta a lo que te encuentras haciendo, es algo mágico para aliviar la ansiedad. Se trata simplemente de cambiar el chip, hacer otra cosa. Consiste principalmente en el cambio de acción más que de pensamiento, ya que el pensamiento se encuentra en bucle y enfocado en la ansiedad, y en esos momentos es muy complicado dominarlo y cambiar a otro pensamiento que haga que la ansiedad desaparezca, por lo que es más sencillo pasar a realizar una acción distinta, pues esta nueva acción, rápidamente enfoca tu mente en un pensamiento diferente y por lo tanto la ansiedad baja de intensidad.

Se trata de correr más rápido que tu mente, de tratar de persuadirla y engañarla con actividades, distracciones, ejercicio físico, etc... Esa es la mejor y más eficaz alternativa. Si te quedas sin hacer nada, tu mente seguirá proyectada en la ansiedad y el bucle resultará imposible de romper para tu mente. En resumen, haciendo cosas como manualidades, salir al sol, pasear por zonas bonitas, jugar a un juego que te guste, etc... es altamente beneficioso para luchar contra la ansiedad. Si tienes aficiones que te gustan realizar y te divierten, es el momento de practicarlas. La fotografía, el surf, el baloncesto, etc... lo que sea, pero es sumamente beneficioso mantener la mente ocupada, pues cuando te encuentras inmerso en actividades, la mente no tiene tiempo de pensar si tienes ansiedad y o no ni en los síntomas que esta producen en tu cuerpo.

Por supuesto que tienes que dejar momentos para volver a charlar con tus mejores amigos y ponerte al día con ellos. También puedes explicarles como te encuentras actualmente y hablarle de tus progresos, pero dándole a todo un significado de normalidad, ya que es el idóneo y que el problema de ansiedad realmente tiene.

Otra gran estrategia que aprendí fue a no hacer cosas que realmente no me apetecían. Si no tenía ganas de salir ese día de fiesta, no lo hacía. Basta con hacer actividades que no te apetecen demasiado para generar pensamientos de ansiedad. Hay que saber decir no y pensar más que nunca en nuestro propio bienestar, preferencia y gustos. Es tiempo de cuidarnos al detalle y mimarnos más que nunca. El simple hecho de realizar una actividad por agradar a otra persona sin que tengas verdaderas ganas de hacerla, es la vía para la aparición de la ansiedad.

Ahora te quiero contar algo que personalmente me ayudó bastante.

Las personas en general somos muy impacientes. Queremos obtener soluciones al instante con cada problema uno de los problemas que aparecen en nuestra vida, y si estas no llegan, nos alteramos y acabamos auto causándonos estrés y preocupación. Con el inconveniente de la ansiedad debemos entender que se debe a un problema generalmente producido por una prolongada exposición en el tiempo a una determinada situación de estrés, emociones perjudiciales y negativas, relaciones tóxicas, ambientes personales tensos o situaciones de agotamientos por grandes responsabilidades, tareas u obligaciones. Para vencer la ansiedad debemos trabajar a nivel mental, emocional y físico durante un determinado intervalo de tiempo, y así comenzar a disfrutar los primeros beneficios de nuestro cambio de vida, de rutina y de mentalidad. Ese intervalo, evidentemente no será igual para todas las personas. Pueden existir las que en pocas semanas de haber comenzado un plan contra la ansiedad ya evidencien grandes progresos y las que necesiten un periodo más largo para comenzar a controlar su problema de ansiedad y por lo tanto disminuir su nivel considerablemente.

En mi caso, y considerándome personalmente demasiado impaciente para casi todo, tuve que aprender a valorar y apreciar los pequeños logros que se iban produciendo en mi día a día, y así utilizarlos a mi favor. En aquellos momentos me resultaba imposible conseguir completar un día entero sin haber sentido una ansiedad leve o moderada. Por lo que me propuse pequeñas metas como por ejemplo, mantenerme tranquilo y con el nivel de ansiedad controlado durante toda la mañana hasta la llegada del medio día.

Cuando conseguía este objetivo, me felicitaba y a la misma vez, le otorgaba un gran valor a ese hecho, ya que era muy consciente de lo difícil que estaba resultándome mantener unas cuantas horas mi mente y mi cuerpo en un estado calmado y placentero. Ese pequeño logro (que en otros momentos y con otro tipo de objetivos me podría parecer insignificante o insuficiente), me estaba sirviendo para aumentar mi estado de ánimo y por lo tanto, la confianza y seguridad para afrontar el resto del día con una autoestima más reforzada.

Pasados los días me auto impuse otras pequeñas metas, como por ejemplo intentar llegar a la noche en un estado de quietud agradable. Cuando lo conseguía, podía llegarme a sentir muy bien anímicamente, ya que había podido completar un día entero auto controlando la ansiedad. También llegaban los días donde me resultaba imposible mantener a raya el nivel de ansiedad, bien debido a alguna circunstancia exterior acontecida o bien a pensamientos internos y perjudiciales que yo mismo había creado y que no había sabido controlar. Cuando esto ocurría, trataba de no venirme abajo, pensaba en los días en que había logrado auto controlar mi ansiedad e intentaba mantener el ánimo y la confianza alta para afrontar el siguiente día con una buena predisposición general.

La lucha contra la ansiedad es semejante a una carrera de fondo. Es una gran maratón. Y la mentalidad apropiada para superarla con éxito debe de ser la misma que la que tiene un gran deportista de resistencia. La constancia, la insistencia en los objetivos y el hecho de no venirse abajo durante la carrera, serán nuestras aliadas más importantes y valiosas para llegar vencedores a meta.

Utiliza la estrategia de las pequeñas metas. Felicítate cuando consigas la primera y prueba con otra superior hasta conseguir alcanzar cada objetivo de una forma progresiva. No pretendas curarte de repente y de manera milagrosa porque esto no ocurre con el problema de la ansiedad. Cuando logres dos días seguidos sin ansiedad, empezarás a ver que es posible y que si has podido con dos, podrás con tres y con una semana entera. Recuerda que habrá parones en tu progreso y que eso también forma parte del proceso de curación.

Pero piensa una cosa, en la lucha contra la ansiedad el tiempo juega siempre a nuestro favor. Por mucho que creas a veces que has vuelto hacia atrás en tu curación, nunca es así. Durante ese tiempo, estaremos poniendo cemento y ladrillos con cada pequeño reto y cada pequeño logro que alcancemos, y así poder levantar el muro más potente que acabará reforzando nuestra mente para siempre y haciendo cada vez más débil los efectos que la ansiedad produce en nuestra vida.

Continuaba con mi proceso de curación y seguía descubriendo nuevas estrategias, soluciones y beneficios para tratar de contra restar la ansiedad. No iba a poder conmigo ni me iba a dejar vencer por mi mente. Interiormente era consciente de mi fuerza y poder para tratar de dominar la mente y sabía que esta me pertenecía y no acabaría controlando mi vida. La ansiedad es fuerte y moleta pero el dueño del timón y el que controla el barco eres tú, y por lo tanto el que maneja las velas hacia la curación.

LO QUE HICE PARA SUPERAR LA ANSIEDAD

CÓMO CONTROLAR LA ANSIEDAD NATURALMENTE. LO QUE FUNCIONA. CONSEJOS Y MÉTODOS PROBADOS A TRAVÉS DE LA PROPIA EXPERIENCIA.

La ansiedad se encuentra definida dentro del contexto científico- médico como un "miedo sin objeto". Es decir, la mente en su papel de causa y el cuerpo en el de efecto, protagonizan ambos una serie de pensamientos, emociones y sintomatologías físicas ante circunstancias que en situaciones normales no producirían ninguna inquietud interior o temor, pero que en estados de ansiedad causan efectos semejantes a los que tendríamos ante un peligro real en nuestra vida. Esa sería una de las muchas formas que existen para definir la ansiedad, pero más que en definiciones y especulaciones científicas, este libro trata y se centra fundamentalmente en el cómo o de qué manera eficaz y directa vamos a lograr detener el proceso de ansiedad en nuestro cuerpo.

En este capítulo quiero hablaros de los mejores métodos que se conocen hasta el momento para vencer la ansiedad y de cuáles han sido los más efectivos en mi propia experiencia personal.

Todas son técnicas naturales, pues como ya sabes, considero de forma personal que la medicina tradicional no ha conseguido hasta ahora solucionar de forma adecuada y a través de sus medicamentos este grave problema, sino más bien ocultar en el mejor de los casos e incluso agravar en otros donde se han utilizado simultáneamente pastillas para tranquilizar a la persona, junto con otras para la estimulación de ciertas zonas del cerebro pensando en contrarrestar la depresión y mejorar el estado de ánimo, produciéndose así un verdadero "cóctel molotov" en la cabeza de los pacientes que no ha hecho más que desorientar y prolongar inútilmente la enfermedad. Y además con las graves consecuencias de la adicción producen estos medicamentos en los pacientes, los cuales acaban volviéndose asiduos a ellos, ya que está sobradamente demostrado que generan dependencia a medio y largo plazo.

Voy a contaros ahora las técnicas más efectivas y los métodos que mejor funcionan, y a ofreceros los mejores consejos que conozco a nivel mental y físico para volver a adquirir el control de vuestras vidas de forma totalmente natural, sin medicinas ni costosas terapias en consultas psicológicas.

CONSEJOS Y MÉTODOS PROBADOS A TRAVÉS DE LA PROPIA EXPERIENCIA.

Para comenzar esta serie de consejos y técnicas probadas debemos entender, queramos o no, que somos seres racionales y analíticos. Esa peculiar característica forma parte de nuestros rasgos definitorios como especie humana, y aunque a veces juega en nuestra contra, con ella y utilizándola de una forma correcta, podemos llegar a contrarrestar muchos de los problemas y trastornos mentales que sufrimos en la actualidad.

La mejor manera de utilizar a nuestro favor la forma que tenemos de razonar y analizar el mundo exterior y todo lo que ocurre en él, así como todo lo que sucede en nuestro propio mundo interior, es comprendiendo que la ansiedad aparece siempre en nuestra vida por uno o varios motivos bien definidos y que pueden ser perfectamente identificables para nosotros.

El hecho de llegar a entender cuál o cuáles son las fuentes de nuestra ansiedad, nos dará cierta ventaja a la hora de poder derrotarla. ¿porqué? pues simplemente porque: sabiendo cómo ha llegado la ansiedad a nuestra vida y que hemos hecho nosotros tanto a nivel externo como interno para que esto suceda, ese descubrimiento puede ser la llave para comenzar a vivir de una manera distinta a la que teníamos antes, y también puede servir para restarle importancia a nuestro problema de ansiedad, ya que al entender que la ansiedad ha llegado por unos motivos y circunstancias particulares y definidas, igual que ha aparecido, se puede marchar si ponemos de nuestra parte todas y cada una de las herramientas necesarias para conseguirlo.

No existe un solo motivo que explique o sea idéntico para todas las personas con respecto a la fuente de que produce la ansiedad. Unas personas pueden llegar a generar ansiedad por alargar en el tiempo relaciones tóxicas, otros debido a un ambiente laboral perjudicial, otras lo harán por no romper con una rutina estresante durante largo periodo de tiempo, por un nivel específico de vida y obligaciones demasiado exigente, por un problema familiar, a causa de un fuerte trauma sucedido, etc... Pero como puedes apreciar, las causas, aunque diversas, todas tienen un denominador común, y es que el hecho o el suceso ocurrido tiene siempre una importante repercusión en la vida de quien lo padece, es decir, es algo muy importante y relevante para quien lo está viviendo o lo ha vivido. Ya que igualmente podemos llegar a tener algún problema con una persona determinada en la calle o con un compañero de trabajo con el que no hay ningún tipo de unión o amistad más que el propio de la relación laboral, y por lo tanto se puede producir una situación puntual de disputa o discusión que puede llegar a causar un breve y por otra parte, lógico estado de nerviosismo en el momento, pero que minutos más tarde ese estado de inquietud o malestar, volverá a reconducirse a un estado de normalidad y calma interior sin llegar a causar mayor perjuicio que el ocasionado en el momento puntual en el que ha sucedido ese hecho. En otras palabras, cuando tienes un conflicto con una persona que no te importa lo suficiente, no ocurre lo mismo en nuestro interior como cuando lo tienes con alguien a quien te unen lazos sentimentales y emocionales importantes o el hecho ocurrido tiene una gran relevancia para tu vida. Lo que quiero decir con todo esto es que la inquietud, el malestar y por consiguiente el estado de ansiedad, siempre irá enlazado a las emociones y los sentimientos profundos de la persona que los sufre, de otra forma simplemente lo tomaríamos como algo puntual y pasajero, sin darle mayor importancia. Pero igualmente podría llegar a generarse estados de ansiedad, si un hecho puntual se prolonga en el tiempo (días, semanas, meses) y acaba transformándose en un problema sin límite, POR AQUÍ VOY….**como por ejemplo una pequeña discusión con un compañero de trabajo cualquiera** que pueda acabar desembocando en más disputas, discusiones o incluso altercados que puedan llegar a suponer un inconveniente para nuestro bienestar.

Por lo tanto, el estado de ansiedad lleva asociado lazos emocionales importantes para la persona que la padece junto con una prolongación relativa en el tiempo de esas situaciones perjudiciales que están haciendo crecer la ansiedad en nuestro cuerpo.

PARA CONOCER LA FUENTE DE NUESTRA ANSIEDAD PODEMOS COMENZAR POR HACERNOS UNAS CUANTAS PREGUNTAS COMO ESTAS:

¿Cómo era mi vida antes y cómo es después de la ansiedad?, ¿Qué hacía antes (hábitos, pensamientos, emociones) y que empecé a hacer cuando comencé a sentirme mal?, ¿Con qué tipo de personas me relacionaba cuando me encontraba bien y con quienes lo hice cuando comenzaba a notar algún malestar?, ¿Cómo era mi estado interior antes de que ocurrieran las circunstancias que llevaron a tener ansiedad y cómo era después?

Razones para que se produzca la ansiedad hay muchas, la causa de la tuya sólo la puedes saber tú y así poder empezar a trabajar para conseguir contrarrestarla y apartarla de tu vida. Necesitas tomarte tu tiempo para pensar y meditar sobre el o los motivos que por los que has acabado con ansiedad. Es muy importante que entiendas el porqué, ya que conocer la fuente de tu ansiedad es lo que te llevará a derrotarla más adelante.

La ansiedad siempre lleva asociada al principio una preocupación que parece exagerada. Es importante hacernos este tipo de planteamientos mentales para aliviar la preocupación. Podemos preguntarnos lo siguiente:

¿Tiene solución aquello que me preocupa?, es muy importante identificar claramente la fuente o fuentes de nuestra preocupación y averiguar si verdaderamente tiene una solución real o si por el contrario, no depende de nosotros la solución. A veces tenemos preocupaciones totalmente distorsionadas de la realidad y nos cegamos creyendo que es necesario seguir preocupado de cosas con las que ni siquiera tenemos un control real de las mismas.

La mente humana es especialista en exagerar de forma negativa los acontecimientos futuros, proveyendo situaciones y circunstancias mucho peores de lo que luego son en la realidad. Y cuando tienes ansiedad, aparece el catastrofismo más desmesurado de todos. Tu mente se encuentra en "modo pesimista", por lo que hay que hacer un esfuerzo aún mayor que el ya habitual que hacen las personas sin ansiedad para sentirse bien y optimistas ante lo que acontezca a corto y medio plazo en nuestra vida.

ACÉPTALA. NO LA ESQUIVES.

Aceptar que nos encontramos en un momento donde hemos sido víctimas de la ansiedad es otro gran punto de partida para controlarla e ir quitándole poder y control sobre nosotros. No trates de darle la espalda o de no reconocerla si quieres avanzar más deprisa hacia tu curación. Muchas personas piensan que lo mejor es ignorarla, pero la ansiedad funciona con un mecanismo muy especial en nuestra mente e ignorarla u ocultarla, nunca da buen resultado.

COMO TRABAJA TU CEREBRO CON ANSIEDAD.

Cuando tenemos ansiedad, pensar de forma negativa sobre ella nos producirá un aumento considerable del nivel de ansiedad en nuestro cuerpo, por lo que tratar de hacer el esfuerzo, y enfocar nuestra mente en el lado positivo de todo lo que nos suceda, hará que nuestra ansiedad baje de forma considerable y beneficiosa.

MÁS QUE NUNCA, VIVE EL MOMENTO.

Con ansiedad nuestra mente se centra principalmente en el futuro. Se vuelve experta en visualizar futuras situaciones. Y lo peor de todo esto, es que son previsiones pesimistas. Por lo que mi consejo es que nos centremos en el presente más inmediato. Debemos disfrutar cada minuto en el que nos encontramos bien y centrarnos en las tareas que estamos realizando. Eso hará que tengamos la mente distraída en las acciones en las que nos encontramos inmersos y así no le damos margen a nuestra mente para que empiece a divagar sobre los asuntos perjudiciales a los que no nos interesa prestarle atención.

EL EJERCICIO ES IMPRESCINDIBLE.

El ejercicio físico siempre será altamente recomendable, pero en momentos de ansiedad se hace imprescindible para luchar contra ella. El ejercicio crea en nosotros un estado de relax después de habernos ejercitado, que hace que podamos diferenciar de una forma clara los diferentes estados por los que pasamos en un mismo día. Es importante contrastar los diferentes estados en los que nos encontramos durante nuestro día a día para valorar mucho más los momentos de relajación a los que accedemos mediante las diferentes técnicas que tenemos a nuestra disposición. En este caso y gracias al ejercicio físico, conseguiremos grandes beneficios para nuestra mente. No lo dudes y haz ejercicio para superar la ansiedad, es mucho más efectivo que cualquier pastilla o tranquilizante que exista. Es muy importante volver a acostumbra a nuestro cuerpo a relajarse y sentirse en calma, el ejercicio físico es fundamental.

APRENDE A MEDITAR.

La meditación puede llegar a ser tu gran herramienta contra la ansiedad. Con los pensamientos adecuados podemos llegar a tranquilizar la mente y comenzar a pensar de forma positiva. Existen muchos ejercicios sencillos para comenzar a meditar y contrarrestar la ansiedad. Te recomiendo que leas sobre ellos y los practiques, verás los grandes resultados que ofrecen.

ALIMENTATE DE FORMA SALUDABLE.

Una dieta equilibrada llevará los nutrientes y las vitaminas necesarias a nuestro organismo para mantener la mente en forma y predispuesta a la curación. Un nutriente importantísimo es el magnesio. Busca complementos con magnesio para nutrir tu mente y tu cuerpo contra la ansiedad. Te quiero recomendar mi libro "DE LA CESTA DE LA COMPRA DEPENDE TU SALUD", en él ofrezco la mejor guía que existe para hacer la compra de tus alimentos en el supermercado pensando exclusivamente en tu salud física y mental.

TOMA INFUSIONES Y DEJA EL CAFÉ Y LOS ESTIMULANTES.

Incorpora a tu dieta las infusiones de valeriana, tila y manzanilla. Estos remedios naturales ayudan a calmar nuestra mente y a pensar con mayor claridad. Cuando tenemos ansiedad, el café debe de estar prohibido en nuestra alimentación.

REALIZA ACTIVIDADES MANUALES.

Las actividades artísticas como pintar, hacer fotografías, dibujar, el bricolaje, etc... son altamente recomendables y beneficiosas para las personas que padecen ansiedad. Cuando nos encontramos haciendo cualquier tipo de estas tareas creativas, nuestra mente no sufre de ansiedad porque se encuentra prestando atención a la acción determinada en la que nos encontramos y no deja lugar a los pensamientos que producen ansiedad.

EXTERIORIZA TUS SENTIMIENTOS Y EMOCIONES.

Una de las técnicas que más me han ayudado a contrarrestar la ansiedad, ha sido la de sacar al exterior mi problema y hablarlo con los seres queridos y de mi confianza. Mostrando los sentimientos y las emociones internas que me producían la ansiedad. Es muy importante expresar nuestros sentimientos y no guardarlos dentro. Tampoco se trata de ir contándole a todo el que te encuentres por la calle tu problema o de estar todo el día hablando de él y de los sentimientos negativos que te produce, ya que este sistema se puede volver en nuestra contra. No consiste en focalizarnos en el problema, se trata de compartirlo y sacarlo al exterior cuando sientas interiormente que necesitas hacerlo y que quieres compartirlo con la persona o personas con las que te sientas bien hablándolo.

APRENDE A SER ASERTIVO.

Muchos de los problemas de ansiedad en las personas llegan debido a importantes carencias asertivas con los demás en sus relaciones personales. Las personas propensas a la ansiedad suelen dar demasiada importancia a lo que opinan los demás sobre ellas. Se preocupan en exceso de las opiniones ajenas. Mi consejo es que digas lo que piensas, que hagas lo que realmente te hace sentir bien y que te olvides de la opinión de la gente. Tienes derecho a no gustar a todo el mundo. La forma de encontrar nuestra libertad es quitándole importancia a lo que piensen los demás de ti. Esto no significa que vayas por el mundo sin adaptarte a sus reglas sociales y humanas, simplemente consiste en alcanzar un estado óptimo de bienestar personal para poder ofrecer al mundo tu mejor versión como persona, y a la vez poder ser tu mismo, libre y llegar a sentirte a gusto contigo mismo.

CUIDA TU DESCANSO.

Dedicar el tiempo necesario al descanso es fundamental para volver a equilibrar nuestras emociones. Duerme las horas de sueño necesarias (lo ideal son unas 7 horas de descanso aproximadamente) y dedica intervalos de relax y reposo durante el día (unos 15 minutos después de comer es sanísimo para "recargar las pilas" y encontrar la calma mental nuevamente).

ES HORA DE HACER LO QUE NOS GUSTA.

El estado anímico durante la ansiedad empeora considerablemente. Es vital elevar nuestra autoestima. Es momento de hacer las cosas que te hacen sentir bien de verdad, tan simples como salir a dar un paseo al aire libre, charlar con un buen amigo, pintar, escribir o cualquier a que sea tu afición preferida. Alimentando el estado interior de felicidad ayuda mucho a sentirnos menos ansiosos.

RÍE.

Busca momentos de diversión, ve películas o series de humor y ríe con amigos. Haz un pequeño esfuerzo para sacar una sonrisa. Los efectos químicos que produce el cuerpo cuando reímos contrarrestan los síntomas de la ansiedad. Entiendo que tu estado anímico sea bajo en estos momentos, pero debemos esforzarnos aún más en estar y sentirnos bien.

OLVIDA LAS ADICCIONES.

Cuando se tiene ansiedad, mucha gente recurre a las adicciones. Fumar, beber alcohol, comer de forma descontrolada, tomar medicación o tranquilizantes, etc... Estos malos hábitos nos darán breves momentos un alivio momentáneo pero falso. No es la solución a nuestro problema y creará una dependencia física y mental en nuestro cuerpo, además de los consiguientes efectos perjudiciales que producirá en nuestra salud. Nos sentiremos incluso peor que antes de tomarlos.

SABER EL FINAL PUEDE SER LA CLAVE PARA SUPERAR LA ANSIEDAD.

La muerte es inevitable, todos lo sabemos. Todo tiene su lado bueno y la muerte no iba a ser menos. Si tomamos el lado positivo de esta ineludible consecuencia, podemos llegar a saborear mejor nuestra existencia física. Para mí, resultó eficaz el razonamiento interior que adquirí al utilizar el hecho de saber que voy a morir tarde o temprano a mi favor. Cuando sufres ansiedad y desconoces este tipo de trastorno mental, piensas que tu vida corre un peligro serio y real. Crees que puedes morir en cualquier momento, pero no son más que los síntomas inofensivos que produce la ansiedad en nuestro cuerpo físico. Cuando comprendí que la ansiedad no me iba a matar, empecé a dejar de preocuparme como lo hacía al principio. Saber que mi etapa en la tierra y en el mundo material tiene fecha de caducidad, produce en mí una sensación intensa de querer disfrutar al máximo todos y cada uno de los días que me toquen vivir en la tierra, haciéndome sentir más liberado ante mis problemas y preocupaciones. Parece contradictorio cuando lo analizas de forma superficial, pero el hecho de que ser conscientes de que vamos a morir puede repercutir en aumentar nuestras ganas de querer disfrutar cada segundo y liberarnos de los miedos y los sentimientos de negatividad. Es así de sencilla la forma en que podemos actuar racionalmente cuando interiorizamos el hándicap que supone morir si o si y lo aceptamos humilde y valientemente.

APRENDE A CONVIVIR CON ELLA.

El proceso de curación de la ansiedad se alcanza mientras nos encontramos conviviendo con ella en el día a día y aceptándola sin tratar de negarla o esquivarla. Debemos entender de requiere un plazo, ya que la alteración emocional que desembocó en nuestro estado de ansiedad, no se produjo de un día para otro. Pues lo mismo sucede con el proceso de curación. Nos toca ser pacientes, disciplinados y constantes en nuestro propósito de volver a alcanzar la armonía perdida.

Convivir con ella es entender que habrá avances y algún que otro parón mientras nos estamos curando. Que habrá días difíciles y con situaciones que quizás no queramos afrontar pero que no nos quedará más remedio que hacerlo. Tendremos días donde nuestro estado de ánimo baje debido a la pérdida del control con respecto a la ansiedad. Todos estos hechos son normales cuando sufrimos ansiedad y tenemos que aceptarlos para seguir trabajando en nuestra curación.

No debemos darle demasiada importancia al hecho de haber tenido un día "malo", porque si lo hacemos, comenzaremos a perder confianza y seguridad, pilares fundamentales para luchar contra la ansiedad. Al contrario, debemos pensar que es sólo un día y que el siguiente será mucho mejor. Los días buenos y malos, en estos difíciles momentos, suelen alternarse, y no por eso nuestro proceso curativo se verá afectado.

Convivir con la ansiedad también supone acudir a ambientes o lugares donde puede que nos sintamos algo más incómodos o temerosos, pero que aún así, será importante que nos enfrentemos a ellos sin tratar de esquivarlos. Quitarle importancia a la ansiedad es sinónimo de quitarle fuerza y poder sobre nosotros.

Cuando conoces la ansiedad es porque hay algo en tu vida que tienes que cambiar. Es una señal que te avisa de que ciertas cosas, actitudes, relaciones o circunstancias de tu vida no son beneficiosas para ti. En cierto modo, tener ansiedad también tiene su lado positivo pues te avisa de que debes realizar unos cambios determinados en tu vida. Quizás llevas tiempo haciendo cosas que en realidad no te gustan hacer o relacionándote con personas que no te hacen ningún bien. Es hora de cambiar y tu cuerpo te ha dado la señal para que lo hagas, incluso de eso debes estar agradecido.

PARA CONVIVIR EN PAZ CON TU ANSIEDAD TE RECOMIENDO:

- **NO RESISTIRTE A ELLA.** Aprende a sentirla sin resistirte a ella, así liberarás mucha tensión interior atrapada. Tendrás momentos en los que te sentirás incómodo o incómoda pero debes mantenerte ahí, ya sabes que la ansiedad no mata. Haz un esfuerzo y permanece un rato junto a ella, verás que es inofensiva y que no puede hacerte nada a pesar de tu incomodidad temporal en la que te encuentras en ese intervalo de tiempo. Entonces, ¿por qué no convertir a la ansiedad en su amiga y aprender a reconocer el momento, la situación en que los síntomas de la ansiedad empiezan aparecer?, esto puede serle muy útil para comprenderla mejor.

- UTILICE ESTA TÉCNICA CUANDO COMIENCEN LOS PRIMEROS SÍNTOMAS. Los que hemos pasado por la ansiedad y llevamos un tiempo padeciéndola, sabemos identificar perfectamente cuando comienzan los primeros síntomas. Te recomiendo que cuando esto sucede, te hables mentalmente y te digas que no es más que un síntoma molesto pero inofensivo. Intenta tranquilizar tu mente y si puedes, cambia. Cambia y haz otra cosa distinta a la que te encuentras haciendo, ya sabes que el hecho de modificar la acción y realizar otra nueva o distinta, produce un cambio de pensamiento. A veces, y en momentos de ansiedad, es más sencillo cambiar la acción primero para que los pensamientos también cambien.

- RODEATE DE GENTE POSITIVA Y OPTIMISTA. NO ACUDAS CON PERSONAS TOXICAS. Es momento de cuidar más que nunca nuestras relaciones y de quienes nos rodeamos. Estamos demasiado sensibles como para encima tener que aguantar la negatividad de ciertas personas que podemos conocer y que solo nos transmiten sentimientos negativos y estrés emocional.

- SIMPLIFICA. Es hora de simplificar tu vida y de valorar hasta el momento en que eres consciente de que puedes respirar, ver, oír, tocar, salir a la calle, andar. Hay ciertas cosas pequeñas que no apreciamos lo suficiente ni les damos el valor que merecen hasta que ocurre algo desgraciado y perdemos alguna de ellas. Da gracias cada mañana solamente por el hecho de haber despertado y poder seguir respirando. La vida es mucho más sencilla de lo que la hacemos las personas y nuestra etapa de ansiedad nos puede servir para valorar como merece el seguir vivos y mantener una salud adecuada. Observa una simple flor en la calle, un animal de compañía, la sonrisa de un niño o el saludo de una persona mayor. Sé agradecido y da amor a tu alrededor sin dejar de ser tu mismo, te aseguro que ese es el camino de tu sanación.

Convivir con la ansiedad y conseguir que no afecte a nuestra rutina diaria es parte del proceso de sanación mental que necesitamos hacer para volver a nuestro estado de equilibrio. Recuerda que la ansiedad es una emoción necesaria en el ser humano pues como sabes, nos puede servir de ayuda en ciertos momentos donde un peligro real puede estar interfiriendo en nuestras vidas y necesitemos activar el mecanismo de aceleración de nuestro cuerpo para poder escapar de él. El problema aparece cuando sentir ansiedad de forma severa e innecesaria se produce continuamente y en momentos donde no deberíamos estar sintiendo ese tipo de emociones.

Para convivir con la ansiedad una vez que la estamos sufriendo y nos encontramos dentro del proceso de curación, es muy importante seguir unas pautas diarias de rutina que ahora paso a explicarte:

Mi consejo es que las sigas de forma disciplinada ya que son muy saludables incluso para cuando tu ansiedad disminuya y comiences a llevar una vida equilibrada y en calma. Antes de comenzar con el ejercicio debemos saber que lo ideal para comenzar nuestra jornada diaria es levantarnos como mínimo con una hora de antelación a nuestras obligaciones y tareas diarias (trabajo, responsabilidades, etc...) al principio nos puede costar un poco o quizás consideremos que no es necesario levantarse con tanta antelación pero os puedo asegurar que lo vais a agradecer muchísimo. ES MUY IMPORTANTE COMENZAR EL DÍA SIN ESTRÉS NI DE FORMA ACELERADA. Pues de lo contrario ya estaréis predisponiendo vuestra mente y cuerpo hacia la ansiedad. Por lo tanto, necesitamos comenzar el día tranquilos, sin prisas y realizando todos los ejercicios que a continuación paso a detallar.

CUANDO DESPIERTES. Lo primero que haremos justo cuando despertemos y abramos los ojos será buscar nuestro primer pensamiento del día. Ese pensamiento debe ser positivo. Podemos comenzar por un pensamiento de agradecimiento al universo por darnos la oportunidad de vivir un nuevo día o puede ser un pensamiento optimista del estilo "hoy va a ser un buen día para mí porque así lo elijo a partir de ahora mismo". Emplea tu mismo-a el pensamiento que mejor consideres para comenzar el día, pero pon esfuerzo en que ese primer pensamiento sea alegre y positivo para ti. Es muy importante hablarnos mentalmente al despertar y que en ese diálogo no haya miedo ni pesimismo. Así comenzamos a activar nuestros circuitos neuronales hacia un estado mental y del ser predispuesto hacia nuestro lado más optimista y valiente que todos tenemos.

AL LEVANTARNOS DE LA CAMA. Lo siguiente que haremos será beber agua, un vaso de agua para comenzar a hidratar nuestro cuerpo después de las horas sin tomar ningún alimento. Seguidamente buscaremos una ventana y la abriremos para realizar unas cuantas respiraciones profundas y pausadas. Con este ejercicio estaremos llenando nuestros pulmones de oxígeno puro después de estar respirando el mismo aire durante toda la noche. Después y con la vista puesta en el cielo, generaremos pensamientos de agradecimiento nuevamente por seguir con vida y disponernos a vivir otro nuevo día con más retos, desafíos, emociones, alegrías y momentos menos alegres (todos cuentan). Ahora es el momento de los primeros estiramientos físicos (una especie de yoga vespertino) en internet puedes encontrar muchos ejercicios de estiramientos para cuando acabas de despertar (movimientos suaves de rotación de la cabeza hacia izquierda y derecha, estiramiento de brazos y rotación del tronco, agacharnos y llevar las manos hacia el suelo, etc...).

Ya hemos desperezado nuestro cuerpo físico, ahora es el momento de nuestra primera meditación. Todo este proceso se puede hacer en breve espacio de tiempo, en poco menos de diez minutos se realiza sin tener que estar prolongarlo mucho más en el tiempo. Para nuestra primera meditación nos sentaremos en una silla normal y con la espalda recta y las manos en las rodillas, cerraremos los ojos y comenzaremos a sentir la relajación de este momento. Recuerda que nuestro cuerpo acaba de despertar y es propenso a seguir relajado y por lo tanto, es muy sencillo encontrar nuevamente momentos de calma sin tener que forzar ningún pensamiento ni estado del ser.

Nuestra primera meditación puede durar entre cinco y diez minutos, no es necesario emplear más tiempo, ya en las siguientes que hagamos a lo largo del día y si nos gusta meditar, utilizaremos un tiempo mayor ya al gusto de cada persona. Como os decía, en esta primera meditación simplemente vamos a tratar de visualizar como será nuestro día (estamos predisponiendo nuestra mente a vivir ese día como deseamos hacerlo). Nuevamente estamos activando mentalmente circuitos neuronales para que nuestra mente elabore un escenario mental lleno de energía positiva para el día que nos disponemos a vivir. Podemos vernos a nosotros mismos disfrutando del día, de un paseo, de un momento relajado, de una charla amena, de unas risas con amigos, etc…cualquier situación que nos apetezca vivir y que nos haga sentirnos bien es buena para elaborarla en nuestra mente y prepararnos para cuando se materialice en nuestra vida física.

A DESAYUNAR. Ya hemos realizado nuestra primera meditación del día de una forma sencilla, sin forzar nada, ni pensamientos ni buscar a toda costa una relajación profunda, simplemente fluyendo con nuestro estado más optimista y positivo. Ahora nos disponemos a desayunar y como seguimos teniendo tiempo de sobra, vamos a disfrutar de la comida más importante del día. Recomiendo por supuesto la alimentación saludables y beneficiosa para nuestro organismo. Podemos desayunar con música tranquila de fondo y saboreando cada alimento de forma intensa. Mi recomendación es que no pongáis la televisión, que evitéis las noticias negativas y que continuéis manteniendo esa rutina hasta el momento de marchar a trabajar o a realizar las obligaciones diarias.

A LA DUCHA. Es momento de prepararse para encarar el día con la mejor actitud. Ya nos hemos duchado, vestido y estamos listos para irnos al trabajo o realizar tareas y obligaciones. Si te das cuenta, con esta rutina has creado un mecanismo potente contra la ansiedad, te encuentras en un estado óptimo y tranquilo para comenzar la jornada. Eres una persona más segura y confiada de sí misma y puedes salir ahí fuera y vivir valiente.

A MEDIO DIA. Ha transcurrido la mañana, es posible que hayas tenido momentos concretos de ansiedad, no te preocupes, es normal y no sucede nada por eso. Pero estoy seguro que también has vivido buenos instantes de calma y seguridad, el proceso de curación sigue su curso. Cuando llega el medio día todos tenemos algún que otro momento para descansar antes de continuar la jornada por la tarde. Es importante que después de comer y siempre que tengas oportunidad, descanses unos quince minutos, tiempo más que suficiente para recuperar fuerzas y "volver al ruedo". Si no tienes la oportunidad de tumbarte debido a que te encuentras fuera de casa, podemos aprovechar esos minutos que disponemos para nosotros solos y realizar la segunda meditación del día. Una meditación que de nuevo puede ser de cinco a diez minutos, y esta vez podemos tener como escenario un buen parque al aire libre, sol y evitando (siempre que sea posible), ruidos molestos. Con esto lo que estamos haciendo es tratar de volver a nuestro estado de calma, al igual que hicimos al amanecer. La energía positiva vuelve a subir por nuestro cuerpo, generándonos nuevamente confianza y seguridad para afrontar la segunda mitad del día.

AL FINAL DEL DÍA. Acaba la jornada, puede que hayas sentido varios momentos de día con ansiedad, no le des mayor importancia, ya sabes que la ansiedad se alimenta de esos pensamientos de preocupación. Agradece los momentos que has vivido sintiendo paz interior y tranquilidad. En la noche quizás llega nuestro mejor momento del día, es tiempo para el ocio, el relax, para hacer lo que nos gusta. Aprovecha estos momentos donde tu cuerpo se encuentra cansado del ajetreo de todo el día y realiza una nueva meditación. En esta puedes emplear más tiempo, ya no hay prisas y puedes comenzar a disfrutar del ejercicio de meditar. Os aseguro que si vais a más en esto de la meditación, os acabará "enganchando". Lee libros sobre cómo meditar o busca información o videos en internet. Os recomiendo especialmente al Doctor Joe Dispenza, búscalo por la red. En su libro "DEJA DE SER TU" , tienes grandes ejercicios para comenzar a meditar desde cero, para mi es uno de los autores que mejor explican cómo realizar la meditación en busca de la transformación de nuestro propio ser hacia nuestra mejor versión.

EN LA CAMA. Es momento de dormir, tus últimos pensamientos serán nuevamente de agradecimiento por el día que has vivido hoy. Te encuentras en calma y te dispones a dormir, es momento de hacer balance del día, de valorar el esfuerzo que has realizado para que fuera ameno y divertido. Siéntete feliz por ello, si ha habido momentos de inquietud, no pasa nada, quédate con los buenos momentos que has disfrutado, vuelve a la relajación mental cerrando los ojos un minuto y realiza tu último ejercicio de relax. Dormir relajado depende mucho de que antes de cerrar los ojos y dormir, nuestra mente y cuerpo hayan entrado en un momento de relajación importante, donde ya no quede cabida a los pensamientos negativos y de temor. La calidad de nuestro descanso será óptima y beneficiosa para encarara el siguiente reto (vivir un nuevo día).

TÉCNICAS EFICACES Y PROBADAS CONTRA LA ANSIEDAD.

A continuación os ofrezco las técnicas más novedosas, efectivas y probadas contra la ansiedad. Algunas serán más eficaces que otras dependiendo de cada persona pero todas ellas son realmente beneficiosas para nuestro objetivo.

TÉCNICA DE LA DISTRACCIÓN. Se trata simplemente de algo que ya hemos abordado anteriormente y es "cambiar el chip". Si notamos que nuestra ansiedad comienza a ser incómoda, debemos salir del bucle, hacer otra cosa distinta a lo que estábamos haciendo, buscar otro pensamiento distinto, algo que tengamos pendiente y que podemos retomar, hacer algo que nos apetezca mucho hacer, salir fuera, hablar con alguien por teléfono, recurrir a nuestro programa favorito o ponernos a leer un fragmento de un libro, etc... En definitiva, se trata nuevamente de persuadir a nuestra mente, de esquivar la ansiedad, de romper el bucle. Realmente es sencillo hacerlo y cuando veamos que funciona, tendremos ganado mucho terreno a la ansiedad.

TÉCNICA DE LA RESPIRACIÓN DIAFRAGMÁTICA. Consiste en realizar respiraciones lentas y profundas mediante el diafragma. Para hacerla bien ponte una mano en el pecho y otra sobre el estómago, para estar seguro de que llevas el aire a la parte de abajo de los pulmones, sin mover el pecho. Al tomar el aire, lentamente, lo llevas hacia abajo, hinchando un poco estómago y barriga, sin mover el pecho. Retienes un momento el aire en esa posición, sueltas el aire, lentamente, hundiendo un poco estómago y barriga; sin mover el pecho. Procura mantenerte relajado y relajarte un poco más al soltar el aire. La aplicación de esta técnica para afrontar la ansiedad en tu vida cotidiana, supone que seas capaz de ocupar en ella sólo una parte de tu atención, mientras dejas libre otra parte de tu mente para atender otras tareas o cuestiones. Una vez adquirido su dominio, empezarás a utilizarla para reducir la ansiedad y las sensaciones temidas, cuando aparezcan.

TÉCNICA DE LA RELAJACIÓN. Esta técnica consiste simplemente en realizar un ejercicio de relajación muscular, desde la planta de los pies hasta la cabeza, vamos a tratar de relajar cada zona del cuerpo de forma progresiva y pasando por todas mentalmente. Iremos notando como se relaja cada parte de nuestro cuerpo hasta llegar a la cabeza. Es importante hacerla sin prisas y a poder ser sentado cómodamente o tumbados pero sin llegar a dormirnos. Enfocando nuestra mente en cada zona del cuerpo y pasando por todas ellas. Conseguiremos un estado de relax físico para aliviar tensiones musculares y lograr igualmente la calma mental. En internet hay audios guiados para esta técnica, los cuales puedes utilizar ya que llevan su propia música preparada y una voz que te va indicando zona por zona del cuerpo para que sigas un guión adecuado.

TÉCNICA DEL MENSAJE INTERNO POSITIVO. Cuando la ansiedad se hace molesta es buen momento para lanzarnos mensajes positivos a través de nuestro pensamiento interno. Recuerda que tus sensaciones son sólo una exageración de las sensaciones normales en la ansiedad, que aumentan porque piensas que estás en peligro. Estas sensaciones no pueden producirte ningún daño. Deja de aumentar tu miedo con pensamientos catastróficos que no tienen ninguna base real. No luches contra tus sensaciones ni trates de evitarlas. Acéptalas como algo normal. Ya se pasarán. Recuerda que cuando dejas de alimentar tu miedo y tus sensaciones con pensamientos catastrofistas, el miedo y las sensaciones van disminuyendo hasta desaparecer. Piensa en lo contento que vas a estar por haber controlado la ansiedad por ti mismo-a. Cuando empieces a notar las sensaciones, es el momento de trabajar en romper el bucle. Cuando se activa la ansiedad, es el mejor momento para trabajar en cambiar. Puedo elegir lo que pienso y si pienso en forma positiva me sentiré bien. Busca en tu interior pensamientos que te hagan sentir bien, recuerdos alegres, momentos agradables. Piensa en lo que quieres conseguir y en quien te quieres convertir.

TÉCNICA DE LA VALENTÍA. Ya sabes que las malas sensaciones y la ansiedad disminuyen si dejas de intentar huir de ellas y las aceptas diciéndote a ti mismo "si noto sensaciones que las note, ya se irán cuando quieran", o "si me llegase a dar una crisis, no importa; sería como una pesadilla, y se pasaría pronto si no sigo añadiendo interpretaciones catastróficas". Por eso, una de las técnicas más eficaces en el tratamiento contra la ansiedad es enfrentarte a ella. Una forma de actuar en contra de tus creencias y temores irracionales es atreverte a experimentar la ansiedad y las sensaciones temidas, sin hacer nada para intentar reducirlas o librarte de ellas.

TÉCNICA DE DEJARTE LLEVAR. Normalmente las personas más propensas a sufrir ansiedad son las que son perfeccionistas y las que siempre quieren tener el control de su vida y de las situaciones cotidianas. Tratar de manejar nuestra vida no es negativo y puede ser un rasgo para el éxito personal, pero debemos entender e identificar cuáles son las circunstancias que no dependen de nosotros y cuales sí. Se trata de inteligencia emocional. La vida es muy amplia en todo su espectro y como sabes, hay cosas que se nos escapan a nuestro control y no es conveniente sentirse mal por ello, pues es parte del juego de la vida. Por otro lado, buscar la perfección solamente nos dará quebraderos de cabeza, más que nada porque no existe. Nadie es perfecto. Quizás la persona que más se aproxime en apariencia a ella, sea la menos perfecta de todas. La búsqueda de la perfección es absurda de por sí. No trates de ser perfecto, más bien acéptate a ti mismo y a tus imperfecciones y comenzarás a entender la felicidad verdadera. A veces las cosas suceden porque deben suceder!. Sí, es así de simple. Otra cosa: puede que no seas el mejor padre del mundo, el mejor estudiante del mundo, el más "lindo" o el más inteligente, recuerda que eso no te hace un fracasado. Y, si sabes qué hiciste todo lo posible, siéntete orgulloso de lo que hiciste y has logrado hasta ahora, si por el contrario sabes que no lo diste "todo", entonces es un buen momento para comenzar a hacerlo. Debes vivir de acuerdo a tus propias expectativas, y no por las expectativas que otros impongan para ti.

TÉCNICA DE NO PROCASTINAR. Una de las cosas que más aumenta nuestro estado de ansiedad es saber que tenemos tareas pendientes. De hecho, no son las tareas en sí las que nos desgastan y agotan, sino el recordatorio mental constante de que debemos hacerlas. Los expertos en productividad personal afirman que para resolver este problema, lo mejor es poner en práctica lo siguiente: Cuando surja una tarea, si esta no requiere más de 2 minutos, hazla inmediatamente ya que posponerla y recordarla consumirá más energía que llevarla a cabo. Si la tarea demanda más tiempo y no lo tienes, pregúntate si es realmente importante. Si es así, búscale un hueco en tu agenda. Recuerda que la forma en que organices tu día repercutirá en tu estado mental. Por tanto, no dejes que las tareas se acumulen porque si las dejas para el último momento, solo estarás contribuyendo a que aumente tu nivel de ansiedad. Aprender a organizar tu vida te permitirá eliminar parte de tu ansiedad.

TÉCNICA DEL TIEMPO LIBRE.   En la sociedad en que vivimos, se premia el hacer sobre el ser. Por eso, nos sentimos obligados a correr, a no tener ni un minuto de descanso, porque es sinónimo de pereza, es la antítesis de los valores que promueve la cultura occidental. De hecho, no es extraño que las personas ansiosas siempre estén llenas de trabajo y proyectos pendientes, no tienen ni siquiera unos minutos al día para dedicarlos a sí mismos. Inmersos en ese estado de tensión constante, no le permiten a su cerebro "desconectar", como resultado, los niveles de ansiedad se disparan. Sin embargo, desconectar y estar a solas consigo mismo es tan importante como ser proactivos. Aunque como las personas ansiosas suelen encontrar difícil estar de brazos cruzados, una excelente alternativa consiste en dedicarle al menos una hora cada día a una actividad que realmente disfruten. De esta forma, el cerebro comienza a liberar una serie de neurotransmisores como las endorfinas, que generan un estado de bienestar y relajación.

TÉCNICA DEL AHORA. La persona ansiosa suele vivir a caballo entre el pasado y el futuro. Se culpa por lo sucedido y se preocupa o se asusta por lo que podría suceder. De esta forma llena su presente de ansiedad. De hecho, a menudo la ansiedad surge precisamente de esas preocupaciones sobre el futuro. La persona ansiosa sufre una especie de obsesión por el futuro que le hace focalizarse en todos los desastres que podrían ocurrir. Sin embargo, para combatir la ansiedad, es importante aprender a centrarse en el presente. Respira, mira a tu alrededor y nota que no está sucediendo nada malo ahora mismo. Disfruta de ello. Debes aprender a centrarte en el aquí y ahora, en la experiencia que estás viviendo, sin criticarla y sin dejar que tu mente divague hacia el futuro.

Con estas técnicas que he recopilado para ti, tu ansiedad volverá a los niveles normales donde tiene que estar. La ansiedad no se puede eliminar del todo y es más, es importante y necesaria como ya te he explicado anteriormente para nuestra vida.

Lo importante es aprender a dominarla y que esta no influya en nuestras decisiones y forma de vivir. La ansiedad siempre ha estado presente en nuestro cuerpo, pero en un momento dado y debido a situaciones perjudiciales para nosotros, se disparó hacia parámetros molestos, ahora solo se trata de volverla a posicionar en el lugar donde tiene que estar en nuestro cuerpo y estado mental.

<u>MI VIDA HOY.</u>

Llegamos poco a poco al final del libro donde he intentado explicaros, compartiendo con vosotros un pequeño resumen de mi propia experiencia con la ansiedad, las distintas fases, técnicas, métodos y soluciones que tiene este tipo de trastorno mental tan extendido hoy en día entre las personas.

Ahora quiero hablaros de cómo es mi vida actual hoy, aproximadamente unos cinco años después desde que pasara por los peores momentos de la ansiedad.

Lo primero que quiero deciros es lo siguiente: una vez que has conocido la ansiedad severa por primera vez, esta no se elimina y desaparece de tu vida como si nunca la hubieras sentido, esa no es la realidad del trastorno de ansiedad. Si lees a personas, "expertos", psicólogos, etc... hablando de la posibilidad de extirparla de tu cuerpo como si nunca hubiera existido, te aconsejo que no tomes al pie de la letra sus afirmaciones, porque la ansiedad nunca desaparecerá de nuestra vida. Eso es así, pues como ya te he explicado, por ser un mecanismo de defensa innato de nuestro propio cuerpo, y una vez que hemos dado entrada a la ansiedad en nuestra vida, siempre se mantendrá en estado latente en un rincón de nuestro cuerpo y mente, esperando cualquier momento de debilidad para hacer de nuevo su aparición.

Pero esto no quiere decir que sea algo preocupante o negativo. Debemos simplemente, tratar de entender que nuestra mente y cuerpo han aprendido a generar ansiedad intensa como nunca antes lo habían hecho y ese mecanismo se mantendrá latente pero en "stand by" o modo conectado pero en reposo (para que me entendáis mejor) a la espera de recibir órdenes de nuestra mente para hacer su aparición cuando puedan surgir momentos de nervios, tensión, preocupación o inquietud mental.

Lo que sí que es posible conseguir y de hecho, al igual que muchas personas, yo lo he logrado, es dominar adecuadamente el estado de ansiedad y mantenerlo bajo control. En mi vida actual sigo teniendo a veces, instantes donde puedo llegar a sentir ansiedad y acompañada de sus molestos síntomas físicos, que en mi caso son nervios en el estómago o algún tipo de sensación incomoda como un pequeño nudo en la garganta o una pequeña angustia interior puntual. Pero esto es debido solamente a momentos concretos y por otro lado, "normales" de la propia vida. Como puede ser por ejemplo, una preocupación puntual por algún hecho o contratiempo acontecido de forma inesperada. Pero he comprendido que esto no es más que los residuos de mi antiguo estado de ansiedad. La mente y el cuerpo que un día sufrieron una severa ansiedad, siguen asociando algunos de los síntomas sufridos y pasados cuando algo en mi vida no va como me gustaría. A esta pequeña activación del mecanismo de la ansiedad, ya no le doy ninguna importancia, y mucho menos me preocupo por ello. He entendido que forma parte de mí y que a veces, aunque quiera hacer acto de presencia, ya no me inmoviliza y no me da ningún miedo ni temor. Lo tomo como algo normal y común entre las persona que hemos sufrido esta enfermedad en el pasado. Ahora me resulta muy sencillo y rápido eliminar ese leve malestar y volver a sentir la calma y paz interior habitual en mi vida diaria.

No, la ansiedad no se ha ido de mi vida y ya todo es como si nunca la hubiera conocido, pero tengo el control absoluto sobre ella, y eso ya es más que suficiente para poder vivir una vida plena, satisfactoria y feliz. He conseguido bajar el nivel de mi ansiedad hasta el punto en que deja de ser un malestar para convertirse en una auténtica guía interior que me indica si ando por el camino vital adecuado o si me estoy desviando de él en algún momento.

Cuando el nivel de mi ansiedad sube, he aprendido a identificar rápidamente el motivo que lo ha generado y lo trato de corregir lo antes posible. Ahora utilizo la ansiedad a mi favor para vivir la vida que mejor me sienta y para estar con la gente que más beneficia mi paz interior, y por consecuencia, para experimentar las situaciones y experiencias que más me gustan y que mejor sientan a mi ser verdadero. La ansiedad se ha convertido para mí en un eficaz sensor de alarma para cuando algo está fallando o debo corregir en mi vida.

He conseguido que juegue a mi favor. El noventa y ocho por ciento de mi vida transcurre entre estados de bienestar interior porque ahora hago lo que me realmente me apetece y me gusta, me acompaño de quienes me hacen sentir bien y vivo la vida que más me conviene.

La ansiedad que en su día fue una imortante causa de incomodidad, angustia y malestar para mi, hoy me sirve y la utilizo para dirigir mi vida correctamente. No, no se ha ido de mi lado, pero tampoco quiero que lo haga. Me interesa que me avise de vez en cuando para conseguir hacer siempre lo mejor.

Sigo practicando meditaciones, dejo tiempo para la relajación mental e interior, realizo respiraciones profundas y otras muchas técnicas que me ayudan a sentirme más tranquilo y a encontrar el equilibrio y la armonía emocional necesaria. Hoy hago una vida normal de una persona que se siente feliz y con ganas de seguir aprendiendo y experimentando nuevas experiencias y retos.

La ansiedad no pudo conmigo. No me dejé llevar por el miedo. No hice caso a mi mente en los momentos en los que se encontraba enferma. Ahora mi mente está curada y trabaja a mi favor. He comprendido y aceptado el mecanismo que utiliza la ansiedad, y con eso me basta para que siga siendo totalmente inofensiva para mí. No doy cabida a pensamientos negativos sobre ella y cuando la siento de nuevo, debido a alguna situación concreta, no me preocupa en exceso ni la alimento con temor o miedo.

A día de hoy, sigo unos hábitos de vida saludables, me alimento de forma sana, hago ejercicio diario, cuido mi mente con la meditación y me protejo de situaciones y persona toxicas porque las identifico rápidamente.

Me quiero mucho a mi mismo y mantengo mi autoestima elevada, que no es lo mismo ni tiene nada que ver con el egoísmo o el auto placer. Hoy la ansiedad no tiene forma posible de aumentar o prevalecer sobre mí.

Valoro mucho mi vida, la respeto y la cuido. Sé que me quedan muchos retos por superar, muchas vivencias que experimentar y grandes momentos que vivir.

En su día la ansiedad amenazó mi vida de forma seria pero fui yo quien decidió como sería entonces mi vida. La vida es un milagro diario y de la forma en que la vivas solo depende de ti. No culpes a nada exterior a ti, pues nadie tiene la responsabilidad de tu propia felicidad nada más que tú mismo-a.

Ahora y pasados unos años de, para los que para mí fueron los peores momentos de mi vida, me siento muy orgulloso del esfuerzo que tuve que realizar para ser quien soy ahora.

Hoy llevo una vida normal, disfruto de mi familia, de mi salud y de mi trabajo. He aprendido a vivir en el presente, a disfrutar de la cosas más simples y pequeñas y a ser feliz con poco. Puede que gran parte de todo eso se lo deba a la ansiedad. Yo soy de la personas que piensan que todo sucede por algún motivo, Quizás en la etapa en que me ocurrió este problema, no estaba valorando todo lo que hoy valoro ni le estaba dando importancia a la suerte que supone tener buena salud, amor y una vida por delante para disfrutar de ella. Al fin y al cabo, incluso pienso que debo estar agradecido a la ansiedad y a su aparición en mi vida. Fue un antes y un después en mi personalidad y creo que me sirvió para ser mejor persona de lo que era. La ansiedad ya no es un problema para mí y estoy seguro que dejará de serlo también para ti. Solo tienes que confiar en ti mismo y en el poder creativo que tiene el universo, porque todo, absolutamente todo, sucede por algo.

CONCLUSIÓN FINAL.

La ansiedad en cierto grado es normal e incluso necesaria, hasta el punto de que podría llegar a salvarnos la vida. Por lo tanto, a una intensidad adecuada es incluso deseable para el manejo normal de las exigencias o demandas de nuestro entorno cotidiano. La ansiedad se convierte en patológica cuando se sobrepasa cierta intensidad donde la persona comienza a sentir un malestar significativo con síntomas físicos, psicológicos y conductuales, debido a pensamientos y emociones internas erróneas y que, en cierto modo, no se corresponden con la realidad externa en la que se encuentra esta persona.

Esta sería la definición más aproximada a la ciencia cuando hablamos de la ansiedad y sus diferentes trastornos. Pero más allá de la propia definición fría, y tal vez incompleta y superficial, deberíamos hacer una reflexión algo más profunda y exhaustiva para comprender mejor este mal y sus temidas consecuencias actuales en la sociedad en la que vivimos.

Nos encontramos en un momento de la humanidad donde presumimos de ser una sociedad moderna y avanzada donde los continuos y grandes avances tecnológicos avasallan nuestras vidas. Pero la realidad es bien distinta a nivel de salud y bienestar mental y emocional, pues cómo todos sabemos, las enfermedades de tipo mental se han disparado en la actualidad hasta límites insospechados. Por lo que, en esta sociedad futurista que avanza de forma frenética e imparable, es evidente que algo no estamos haciendo bien los seres humanos a nivel interno y profundo de nuestro ser. Algo está fallando en nuestro propio sistema mental y emocional que sirve para adaptarnos al medio ambiente en el que vivimos y así poder llevar una vida agradable y beneficiosa para nuestro cuerpo a nivel mental, físico y espiritual.

En los últimos años han surgido numerosos cuadros de ansiedad y depresión tremendamente preocupantes para la sociedad en general, con consecuencias negativas y muy desagradables para quienes los padecen. Trastornos como fobias, crisis de pánico, trastorno obsesivo-compulsivos, agorafobia, (temor obsesivo ante los espacios abiertos o descubiertos) estrés post-traumático, ansiedad generalizada, ansiedad social, miedo escénico, etc... y lo peor de esto es que la lista sigue agrandándose de forma continua e imparable.

Quizás haya llegado el momento de pararnos y reflexionar todas las personas que vivimos en los supuestos "mundos avanzados y modernos" de la humanidad. Nuestra mente nos está alertando y diciendo que nos estamos equivocando en la forma de llevar nuestra vida. Quizás el cambio y el tan mencionado "progreso" hacia la era de la tecnología y la híper información, esté pasándonos factura como especie que no está preparada ni mental ni emocionalmente para llevar el alto ritmo de vida que lleva a nivel de estrés, preocupaciones, multitareas, prisas, gestión del tiempo, productividad, etc... Tal vez nuestra mente no quiere o no es capaz aún de adaptarse a ese estilo de vida. O quizás sea el momento de volver de nuevo a escuchar a uno de nuestro mejor valor como seres humanos, el de la humildad, y reconocer que la velocidad que hemos impreso a nuestra era, no acaba de ser la más adecuada para nuestro actual estado y sistema mental e interno como seres humanos.

Si nos detenemos un momento y nos planteamos que estamos haciendo tan mal en nuestra época comparándola, sin irnos más lejos, a la de nuestros antepasados más recientes (abuelos o bisabuelos). Quizás sean un conjunto de malos hábitos adquiridos y aceptados socialmente como "normales", como por ejemplo este ritmo de vida frenético y estresante que llevamos, donde hemos aceptado la idea de que no es posible dedicar tiempo a nuestro propio cuidado mental para encontrar la calma y conseguir dejar atrás las preocupaciones diarias hasta alcanzar así la paz interior. Por otro lado tan deseada y anhelada por todos.

Es evidente que una sociedad con problemas económicos, sociales y políticos, acaba sufriendo sus consecuencias. Y aunque las comparaciones, como se suele decir, son odiosas, y tal vez no sea la mejor forma de análisis ni la más acertada, el intentar compararnos con otras épocas, personas y momentos para tratar de encontrar las causas de nuestros males modernos, considero por otro lado, que no es del todo malo hacerlo para tener una perspectiva más completa de nuestra evolución como especie, y así poder observar que ya nuestros abuelos y antepasados recientes han pasado y vivido por circunstancias muy complicadas de escasez. No solo económica si no, otras mucho más importantes y complejas como la escasez de alimento. Ellos han vivido guerras crueles y situaciones sociales tremendas e injustas, y mucho peores que las que ahora estamos viviendo nosotros. Entonces, hago una pequeña reflexión y la dejo abierta a vosotros, para que también la sopeséis: ¿porqué el mal mental tan preocupante y extendido que nos ataca ahora siguen sin avance y a la deriva?. Quizás pueda ser debido a la comodidad en la que hemos caído como sociedad sin peligros inminentes e importantes, que nos ha llevado a la pasividad, al conformismo y a que nos den todo "mascado". Hasta el punto de poner la televisión y dejarnos llevar por todo lo que nos digan los demás hasta volvernos verdaderos autómatas de un sistema creado para controlar. O tal vez se deba a los gobiernos que manipulan a su antojo y se aprovechan de nuestra propia pasividad a la hora de opinar por mutuo propio sobre las opiniones ya establecidas y marcadas por los dirigentes interesados. Quizás el exceso de información y estímulos externos nos que nos llegan desde todas partes y formas a nuestra mente consciente e inconsciente, nos esté abrumando de tal modo que nuestra respuesta esté siendo precisamente emplear el mecanismo de la ansiedad.

Hemos entrado en un bucle a nivel individual y colectivo donde reina la preocupación, el pesimismo, las malas noticias, la desconfianza, el miedo, los sentimientos negativos, etc... y todo eso está sugestionando nuestra mente volviéndonos propensos a sus peores males.

Quizás el análisis de lo que nos está ocurriendo sea mucho más profundo y complejo aún de lo que imaginamos a nivel antropológico, conductual y psicológico, pero lo que es evidente, es que algo no va bien, algo no está funcionando correctamente en nuestros mecanismos neuronales y biológicos debido a nuestra falta de adaptación al propio sistema medio ambiental que nosotros mismos nos hemos creado. Estas respuestas exageradas y erróneas de nuestra mente hacia los estímulos externos, nos están diciendo que no lo estamos haciendo como deberíamos. Nuestro sistema interno nos está alertando constantemente de que algo falla en nuestro perfil de habitantes del "mundo desarrollado".

Nuestros antepasados sufrían peligros reales y diarios. Tenían que defenderse de depredadores o peligros de la propia naturaleza, por lo que el mecanismo y la respuesta de la ansiedad, nos viene de su propio bagaje. Pero lo cierto es que hoy en día, ya no sufrimos amenazas continuas y serias. Ahora vivimos en un entorno más o menos seguro y estable. Y nuestra vida se desarrolla de forma segura dentro de lo que cabe. Los peligros ahora han cambiado, en la era moderna vienen disfrazados de malos jefes en los trabajos, de vecinos conflictivos, de compañeros de trabajo que no soportamos, de un engaño sentimental doloroso, de la subida de los impuestos por el gobiernos, etc... Evidentemente, nuestra vida no depende de estos males, pero el mecanismo (lucha-huida) que activaba la ansiedad en el pasado, se sigue activando en nuestra mente a día de hoy como si fuera un peligro tan importante y real como los de aquella época. Por lo que, en cierto modo debemos de considerar que la ansiedad es un "lastre" que a veces juega a nuestro favor y otras en nuestra contra, y que llevamos como especie desde los inicios.

El mecanismo de la ansiedad en las personas no suele activarse de forma severa mientras nuestra vida transcurre bien. Sin grandes problemas de consideración y con buenos o aceptables medios económicos, con las necesidades primarias y más importantes cubiertas y manteniendo unos buenos habidos de vida, (alimentación, ejercicio, cuidado mental, momentos de relax, un entorno social positivo, etc..) nuestra mente "más o menos va funcionando" de forma correcta. Pero el problema surge cuando llegan las preocupaciones, las situaciones inesperadas, los sobre saltos emocionales, etc…es ahí donde el antiguo mecanismo de "lucha-huida" se activa para tratar de "protegernos", ¿pero protegernos de quien?. Ya no lo hace para protegernos de peligrosas alimañas, lobos feroces, osos gigantes o mortales lluvias, ciclones o huracanes de la naturaleza. Ahora se activa para salvaguardarnos de la propia forma de llevar nuestra vida, de nuestro exceso de pensamientos perjudiciales y nocivos, de nuestras propias emociones descontroladas y llenas de malos sentimientos (ira, odio, rencor, envidia, etc…). La ansiedad en la actualidad debería de ser nuestra mejor arma para servirnos de alerta y poder así cambiar nuestro estilo de vida para volverlo a reconducir por el camino adecuado.

Es fundamental que realicemos ejercicio físico y que cuidemos de nuestra mente. Que tengamos espacios durante el día para realizar una vuelta a la serenidad interior si consideramos que la hemos perdido en algún momento, que tratemos de llevar una vida tranquila, que no nos tomemos las cosas y los problemas tan en serio como lo hacemos, que gestionemos bien nuestra vida y mantengamos siempre una visión general y objetiva de los verdaderos problemas que tenemos, para analizar si realmente son tan graves como creemos, porque en el 98 por ciento de los casos no lo son nunca. La vida es un juego que tiene sus propias reglas y debemos aprender a aceptar que todos estamos expuestos a ellas, tanto para lo bueno como para lo malo que nos pueda dar la vida. Puesto que igual deseamos lo mejor de ella, tenemos que ser conscientes de que también pueden aparecer situaciones no deseadas y dolorosas. Se trata de potenciar nuestra capacidad e inteligencia emocional y de tratar de estar lo mejor preparados que podamos si llegan circunstancias negativas a nuestra vida. Nadie se encuentra a salvo de nada cuando está vivo. Esa inseguridad es también la esencia de vivir .

Y concluyo. Nada más por mi parte. Espero que esta lectura haya sido valiosa para ti. Gracias por dedicar tu tiempo a este libro. Espero haber correspondido a través de este trabajo como mereces. Cuida tu mente todo lo que puedas al igual que tu espíritu. Tu único fin en esta vida cuando llegues al final de la misma, es haberla sabido aprovechar y disfrutar como mereces. No pierdas nunca ese punto de partida, y cuando las cosas no se estén desarrollando como deberían ser para tu propio bienestar y felicidad, vuelve a buscar el equilibrio y la armonía. Siempre lo hallarás junto al amor y a los buenos sentimientos porque una persona feliz, alegre y optimista, no puede sufrir de ansiedad generalizada durante mucho tiempo, es imposible. No se puede dar.

Piénsalo y recapacita sobre si tú lo estas siendo o no. Realmente no importa lo que esté pasando en tu vida en estos momentos. Por muy malo que este siendo y por mucho dolor que de forma lógica y natural estés sintiendo, mientras te encuentres vivo o vida, siempre habrá un motivo para tratar de reconducirte y volver a ser la persona para lo que has venido aquí a la tierra.

Busca tu propia felicidad aunque la vida trate de ponértelo difícil. Ese es tu reto, tu propósito vital y la esencia o el motivo de tu presencia en el mundo físico.

No desaproveches la oportunidad y trata de irte de este mundo con los "deberes bien hechos", habiendo puesto todo de tu parte para ser la mejor persona que hayas podido ser, y deja ese legado aquí.

Estoy seguro que tu vida tendrá su recompensa más allá de ella.

Vive, disfruta, siente ,ama, vence ,se feliz, quiérete ,quiérelos ,aprende, cae, levante, vuelve y vive.

Luis Garre.

Gracias por el tiempo que le has dedicado a leer "LO QUE HICE PARA SUPERAR LA ANSIEDAD". Si te gustó este libro y lo has encontrado útil te estaría muy agradecido si dejas tu opinión en Amazon. Me ayudará a seguir escribiendo ebooks para que sirvan de ayuda a cuantas más personas mejor. Tu apoyo es muy importante. Leo todas las opiniones e intento mejorar cada día en mi propósito de vida. Puedes dejar tu opinión en la página de este libro en Amazon haciendo un poco de scroll hacia abajo en el apartado "Opiniones de clientes", "Escribir mi opinión" en Amazon.es o en "Customer Reviews"- "Write a Customer Review" en Amazon.com.

¡Gracias por tu apoyo!

Por último recuerda que en la dirección:

www.luisgarre.com/regalo

Puedes descargarte mi ebook gratuito "Experiencias físicas para comprender la Eternidad" como muestra de mi agradecimiento hacia ti.

Si lo deseas también puedes visitar mi web:

www.luisgarre.com